Der Verstand ist das Schicksal,
das uns leitet.

(Voltaire)

BACHLER / GNAIGER

Das Cobra-Prinzip

ecowin

WOLFGANG BACHLER
PETER GNAIGER

Das Cobra-Prinzip

Schnell. Flexibel. Effektiv.

ecowin

Bachler, Wolfgang / Gnaiger, Peter
Das Cobra-Prinzip. Schnell. Flexibel. Effektiv. /
Wolfgang Bachler / Peter Gnaiger. –
Salzburg: ecowin Verlag der TopAkademie GmbH, 2004
ISBN 3-902404-06-X

Unsere Web-Adressen:

http://www.ecowin.at
http://www.topakademie.com

Zur besseren Verständlichkeit und leichteren Lesbarkeit wurde im vorliegenden Buch auf die wissenschaftliche Form der Zitierung verzichtet, ebenso auf die Formen -In und -Innen zu Gunsten einer geschlechtsspezifischen Schreibweise.

Umschlagfoto: Wolfgang Bachler

Druck: Druckerei Theiss GmbH, A-9431 St. Stefan
Printed in Austria

Inhaltsverzeichnis

Die Zeit des Wartens – EIN Satz für einen EINSATZ

Es ist gespenstisch ruhig. Ich liege auf dem Bereitschaftsbett. Ganz bekleidet. Jede Sekunde kann es ja losgehen. Es überrascht mich selbst immer wieder, dass die Gedanken in solchen Situationen hellwach sind. Das Hirn trainiert inzwischen selbständig den Ernstfall. Jeden Tag. Fehler – und sind sie auch noch so klein – können das Leben kosten. Das wurde in den letzten Jahren beinharter Übung zu einem Teil meines Denkens. Erst recht, wenn man Verantwortung tragen muss. Man wird sehr ernst in diesem Beruf.

Auch wenn gestern nichts passiert ist. Schon morgen kann einem wieder ein Verrückter gegenüberstehen. Eigentlich schon heute … Kommt heute die nächste scheinbar unlösbare Aufgabe auf uns zu? Ein kurzer Blick auf die Einsatztasche. Alles nach Vorschrift gepackt. Die Vorschriften sollen helfen, Leben zu retten. Die Leben von Menschen, die in Not sind. Und natürlich auch unsere. Die Vorschrift sagt, wir brauchen eine persönliche Ausrüstung. Eine Glock-Pistole gehört dazu. Zum Zeitvertreib summe ich „Glock around the clock". Bekannte Melodien entspannen. Das nimmt der Waffe den Schrecken. Ein wenig zumindest. Wir haben alle miteinander einen Heidenrespekt vor Waffen. Dann haben wir eine Schutzweste aus britischer Produktion. Die wiegt zehn Kilo. Aber die schleppen wir gerne mit uns herum: Sie schützt vor Kurz- und Langwaffen. Herz, was willst du mehr?

Dazu liegen amerikanische Einsatzhelme in unseren Taschen. Die Amis haben diesen Helm „Fritz" getauft. Das ist typisch für unsere amerikanischen Freunde. Erinnern Sie sich bloß an Tom Hanks, der in dem Hollywood-Streifen „Verschollen" alleine auf einer einsamen Insel landet und sich als Gesprächspartner einen Football namens „Wilson" auserwählt hat. Klarer Fall von Schleichwerbung. Aber zweifellos gut gemacht. „Gestrandet" – wie Tom Hanks in diesem Film – dieses Wort beschreibt auch unsere Zeit des Wartens ganz gut. Aber ich werde deshalb nicht mit meinem Helm zu sprechen beginnen. Noch nicht.

Mitten in die Stille platzt der Alarm. Das Team packt seine Sachen. Energisch und routiniert wie immer. Unsere Hände greifen nach Taschen, nach Jacken – alles scheint ganz unbewusst vor sich zu gehen.

Gleich darauf erhalten wir unsere erste Information: Zwei deutsche Grenzpolizisten wurden an der bayerisch-österreichischen Grenze in einem Zug erschossen. Der Täter ist auf der Flucht. Mehr wissen wir zunächst nicht. Tausende Informationen werden folgen. Welche werden entscheidend sein? Wir werden sehen. Der erste Gedanke: Dieser Mann hat nichts mehr zu verlieren. Er wird nicht zögern, jeden Mann zu töten, der ihm zu nahe kommt. Es werden nicht viele Worte gewechselt. Die Anspannung steht in unseren Gesichtern geschrieben. Was soll man auch reden? Wir wissen noch zu wenig.

Während der Fahrt erhalten wir die ersten detaillierten Informationen. Der Täter soll in der Umgebung von Schärding Unterschlupf gefunden haben. Bis auf die Zähne soll er bewaffnet sein. Auch eine Schussverletzung soll er haben. Wie schwer? Man weiß es nicht. Aber er ist zum Äußersten bereit. Das wussten wir schon. Na gut.

In dieser Phase baut man eine erste Organisation auf: Welche Leute brauche ich? Wo und wann sollen sie eingesetzt werden? Fragen über Fragen. Es gibt noch keinen Kontakt zum Täter. Kein Gespräch, das Aufschlüsse über ihn zulassen würde. Die ersten Entscheidungen werden gefällt. Jede dieser Entscheidungen wird sich auf das Gelingen der Operation auswirken. Und trotzdem: In zehn Minuten können wir schon wieder vor einer völlig neuen Ausgangssituation stehen. Man muss flexibel bleiben. Das ist unsere Lebensversicherung. Denn Scheitern kann tödlich sein. Warum denke ich jetzt über Scheitern nach? Schluss damit. Es wird gelingen. Wozu habe ich mich sonst jahrelang geschunden, wenn ich jetzt nicht in der Lage bin, diese Situation zu entschärfen? Die ganze Truppe steht unter Hochspannung. Die Jungs wundern sich immer über meine Ruhe. Wenn die wüssten.

Jetzt kommen die ersten harten Fakten: Der Täter wurde lokalisiert. Er hat sich in einem Haus verschanzt. Wir haben inzwischen einen Plan von dem Haus erhalten. Das ist gut. Jetzt wissen wir, wie der Zugriff erfolgen könnte. Wir bilden eine Taktik-Gruppe und eine Zugriffs-Gruppe. Jene, die zugreifen sollen, besetzen die vereinbarten Positionen. „Man spannt sie auf“, wird das genannt. Wie einen Pfeilbogen. Sie müssen jetzt jede Sekunde mit dem Zugriffsbefehl rechnen.

Innerhalb der Taktiker-Gruppe rauchen die Köpfe. Denn die ersten Zugriffspläne wurden schon erarbeitet. Sehr schnell. Die ersten Pläne sind die Notfallpläne. Mit Verhandlungen könnte man sich den gewaltsamen Zugriff vielleicht ersparen. Aber wir können keinen Kontakt zum Täter herstellen. Ist er durchgeknallt? Will er noch ein paar Menschen mit in den Tod nehmen? Ist er schon außer Kontrolle? Hat er vielleicht sogar eine Geisel, von der wir nichts wissen? Verdammt. Die Informationslage ist katastrophal. Es muss eine Entscheidung fallen. Sie heißt „Zugriff". Wir haben einen Plan und die besten Leute im ganzen Land. Tausendmal geübt. Was soll schon schief gehen? Tief durchatmen.

Leise dringen wir in das Haus ein. Kurze Blickkontakte. Alles läuft nach Plan. Der Täter kann uns unmöglich gehört haben. Anerkennendes Nicken. Saubere Arbeit. Dann das erste unvorhergesehene Problem: Die Stiege ist nicht so breit, wie es im Plan vorgesehen ist. In einer Situation wie dieser hält sich das Verständnis für flexible Bauherren in Grenzen. Verdammt noch einmal. Nächste Frage: Wie sollen wir uns gegenseitig sichern, wenn wir im Gänsemarsch da hinauf müssen? Wenn er uns auf der Treppe erwischt, dann sind wir ihm schutzlos ausgeliefert. Eine erste Unsicherheit macht sich breit.

Meine Jungs warten auf eine Entscheidung. Wenigstens ist es keine Sackgasse. Man kann ja immer noch hinauf oder hinunter. Gut: Rauf da! Im Gänsemarsch: Schritt für Schritt. Wir haben schwer an unserer Schutzausrüstung zu schleppen. Die Nerven sind zum Zerreißen gespannt. Die Stille beginnt langsam unerträglich zu werden. Wenn du in dieser Situation keine gut ausgebildeten Freunde an deiner Seite hast, die dir den Rücken freihalten, dann bist du das ärmste Schwein auf der Welt.

Plötzlich. Die Treppe knarrt. Das Blut gefriert. Kurz darauf sind wir oben. Wo ist er jetzt? Alles klar. Jetzt muss alles ganz schnell gehen. Mit kurzen Gesten werden Einsatzbefehle ausgegeben. Zugriff. Das ist dann einer dieser Zeitpunkte, den du nie aus deinem Leben streichen kannst. Aus der Stille bricht die Aktion heraus wie ein Orkan. Wild, aber trotzdem punktgenau zielgerichtet. Es geht alles blitzschnell und dennoch scheint es eine kleine Ewigkeit zu dauern. Wenn die ganze Anspannung der letzten Stunden plötzlich kontrolliert entweicht, dann scheinen ungeheure Kräfte freigesetzt zu werden. Der Täter liegt im Bett. Seine Schussverletzung war schwerer als vermutet. Er kann sich nicht mehr wehren. Gott sei Dank! Sieben Granaten hatte er bei sich. Die Zünder an seinen Körper geklebt. Es ging noch einmal alles gut aus. Wieder einmal.

Nach so einem Einsatz geht man nicht einfach nach Hause. Jetzt kommt ein ungemein wichtiger Teil unserer Arbeit. Die Nachbesprechung. Jeder teilt seine Eindrücke mit. Sagt frei heraus, was ihn gestört hat. Es muss sofort kritisiert werden. Nur so werden wir besser. Schweißen wir uns noch enger zusammen. Später beginnt sie erneut: Die Zeit des Wartens.

1 Einführung

Warum Cobra-Prinzip?

Warum sollen Wirtschafts-Führungskräfte ausgerechnet von der Arbeitsweise einer Anti-Terror-Einheit lernen? Beginnen wir die Beantwortung dieser Frage mit der Einleitung „Es war einmal …". Früher galt alles Militärische und Polizeiliche als rückständig. Nicht zu Unrecht wurden diese Organisationen auch als starr bezeichnet. Denn Flexibilität war in immer neuen, größeren Flutwellen komplizierter Gesetzes- und Ausbildungstexte zum Scheitern verurteilt. Das größte Kompliment war da noch, wenn jemand klaglos seinen Dienst nach Vorschrift herunterspulte. Da gab es (und gibt es immer noch) die Geschichten von den Beamten, die auf ihrer Schreibmaschine mit ihrem „Zwei-Finger-Suchsystem" nach Buchstaben suchen. Immer bis aufs Äußerste angestrengt, um grammatikalisch richtige Sätze zu formulieren. „Der würde sich in der Privatwirtschaft schön anschauen", war oft von entnervten und gestressten Zivilisten zu hören.

Die Cobra hat sich als Elite-Einheit dagegen rasch einen guten Namen gemacht. Sie ist weltweit anerkannt. Darauf kann ein kleines Land wie Österreich wirklich stolz sein. Mehr noch aber als der Ist-Zustand dieser Organisation beeindruckte der Weg, auf dem man dorthin gelangte. Dieser Weg war nicht leicht und erreicht wurde das Ziel, eine moderne und schlagkräftige Einsatztruppe zu formen nur deshalb, weil eben diese alten, längst überholten Strukturen radikal aufgebrochen wurden.

Während dieser Zeit haben sich die Führungsprinzipien bei Wirtschaftskräften erstaunlicherweise ganz anders entwickelt. Die Wirtschaftsbosse begannen in den Augen ihrer Mitarbeiter mehr und mehr selbstgefällig zu wirken. Der Neo-Liberalismus vergrößerte die Kluft zwischen Führungskräften und Angestellten. Die Folge: In den letzten beiden Jahrzehnten ging sehr viel an sozialer Kompetenz im zwischenmenschlichen Bereich eines Unternehmens verloren.

Die Zeit der externen Unternehmensberater war gekommen. Sie sollten die Betriebe plötzlich „fit" machen. Berater, die keinen einzigen Mitarbeiter dieser Firmen kannten, entschieden plötzlich über den Fortbestand eines Unternehmens und somit auch über eine Vielzahl von

Existenzen. Hauptsache, die Firma war „fit" für den Börsengang, für den Verkauf oder für sonst etwas. Langfristige Denkweisen, in denen der Mensch als größtes Kapital eines Unternehmens im Mittelpunkt stand, waren in den Augen der Chefs wenig populär. Die beäugten eher mit Sorge die Gewerkschaften, von denen sie glaubten, dass sie nur ein Ziel hätten: ihre Firma zu zerstören. Die Gewerkschaften hingegen trauten den Firmenbossen nicht mehr über den Weg: „Die setzen auf Globalisierung und bis sie den Schritt in ein Billiglohnland machen, pressen sie uns aus wie eine Zitrone." So stand und steht man sich gegenüber. Der Kalte Krieg in der Politik ist längst vorbei. In der Wirtschaft scheint er gerade auf den Höhepunkt zuzustreben.

Die Firmenbosse begannen sich einzuigeln. Das Motto: Abgrenzung durch Geheimsprache. Eine völlig neue Wissenschaft entstand. Plötzlich wurde in den Führungsetagen der Unternehmen nur noch mittels aufgeblasener Fachausdrücke kommuniziert. Ausdrücke, mit denen ein Großteil der so genannten normalen Arbeiter- und Angestelltenklasse so gut wie gar nichts mehr anzufangen wusste: Bei Arbeitsstunden, die vormals schlicht und einfach aus 60 Minuten bestanden, unterschied man auf einmal „Top-Hours" und „Bottom-Hours". Bedeutende Leute änderten ihre Meinung plötzlich nicht mehr: Sie zogen es vor, von einer „taktischen Korrektur ihrer Erinnerung" zu sprechen. Auch tut man sich vielerorts zunehmend schwer, etwas als „beendet" zu erkennen. Meist nähert man sich heute bei Entscheidungsprozessen „an einen Schlusspunkt einer kontinuierlichen Entwicklung".

Weil viele dieser Wirtschaftsbosse auch noch überaus eitel sind, lassen sie sich gerne für Zeitungen bei dubiosen Fort- und Selbstfindungsseminaren fotografieren. Da laufen sie dann im Anzug barfuß unter Anleitung eines indischen Yogis durch den Wald, lassen sich rückwärts fallen und fangen sich gegenseitig auf. Applaus! „Seht ihr, ihr könnt euch vertrauen", sagt der Yogi und die Firmenbosse blicken ihre leitenden Angestellten dankbar an. Den Abschluss bildet dann noch ein quietschvergnügtes Räuber- und Gendarmspiel, bei dem jeder Teilnehmer einige Zaubersteine in seine Hosentaschen stecken darf. „Auch das schafft Vertrauen", sagt dann der Yogi, steigt in seine Luxus-Limousine und fährt zum nächsten Seminar, dessen Titel „Selber Atmen in der Toskana“ lauten könnte. Kein Wunder, dass die eigenen Mitarbeiter den Respekt verlieren, sich hinter vorgehaltener Hand lustig über ihren Chef machen und jede seiner Entscheidungen alleine schon deshalb unbewusst ablehnen.

Die daraus unwillkürlich entstehende Folge: Die Chemie zwischen Chef und Mitarbeiter stimmt nicht mehr. Das ist das Ende einer gedeihlichen Zusammenarbeit. Oder sollen wir sagen: „Chef und Mitarbeiter haben sich an einen Schlusspunkt einer kontinuierlichen Entwicklung angenähert.“ Wie es auch sei, das solcherart entstandene Misstrauen hat die Standpunkte betoniert. Jeder sitzt in seinem Bunker und fürchtet sich vor dem anderen. Kein Wunder, dass nichts weitergeht.

Wie kann da das Cobra-Prinzip helfen? Zunächst einmal muss ein großes Missverständnis ausgeräumt werden. Nämlich jenes, dass das Cobra-Prinzip ein rein technisches, militärisches Prinzip sei. Das ist es vielleicht in Hollywood. Wenn die Cobra aber so arbeiten würde, dann wären wir schon in einem schlechten Science-Fiction-Film angelangt. Kurz: Die Leute glauben, die Cobra habe einen einzigen Grundsatz: „Ein Problem taucht auf, ich geh' rein, räume auf und hinterlasse keine Spuren.“ Dieses Prinzip hat schon einen Namen: „Rambo-Prinzip“. Vielleicht auch „Hirnlos-Prinzip“, lassen Sie Ihrer Fantasie ruhig freien Lauf. Doch die Cobra steht für andere Werte: Das Cobra-Prinzip bietet eine klare, übersichtliche, vor allem aber nach menschlichen Grundwerten orientierte Alternative für Problemlösungen. Die Cobra schreitet nach bestimmten Mustern ein. Allesamt Muster, in deren Zentrum der Mensch steht.

Nach jahrelanger Erfahrung als Führungskraft in dieser Spezialeinheit wurde mir schlagartig klar: Das Cobra-Prinzip kann eins zu eins auf die Wirtschaft übertragen werden. Das Muster dieses Führungsprinzips dient einzig und allein dazu, Vorgänge in die richtige Richtung zu steuern. Zum richtigen Zeitpunkt müssen die richtigen Entscheidungen getroffen werden. Das ist die Basis eines bestmöglichen Erfolgs.

Was sich in der Theorie einfach anhört, ist aber gerade in der Praxis häufig schwer umzusetzen. Denn in der Folge geht es nur noch um die Fähigkeit der Mitarbeiter, diese Entscheidungen zu verstehen und mit

Sachverstand umzusetzen. Hier sind Sie als Chef gefragt. Aber auch der Mitarbeiter, der Ambitionen hat, in einer Firma Karriere zu machen, wird mit den Parametern der Cobra sein Ziel garantiert schneller erreichen.

Das Cobra-Prinzip ist wohl am besten mit einem Schachspiel zu vergleichen. Jeder Mitarbeiter muss wissen, welche Bedeutung ihm im Ganzen des Unternehmens zukommt. Und selbst die rangniedrigste Figur muss begreifen, dass selbst sie in der Lage ist, im Ernstfall den Konkurrenten durch eine tolle Einzelleistung matt zu setzen. Das heißt aber auch, dass bis ganz nach unten Aufstiegsmöglichkeiten gegeben sind: Im Schach kann der Bauer nach entsprechender Leistung in eine Dame umgetauscht werden. Vorausgesetzt, er erreicht die gegnerische Grundlinie. Der Spieler wiederum, der über den Einsatz seiner Figuren bestimmt, muss die Fähigkeit erlangen, die Qualität von Informationen zu erkennen. Wie im Schach muss er dabei ein paar Züge vorausdenken. Dabei hat er noch den Vorteil, dass bei einem funktionierenden Cobra-Prinzip die einzelnen Figuren mitdenken und in einem klar definierten Rahmen selbst Entscheidungen treffen dürfen. Entscheidungen etwa, wann und ob ein Zugriff erfolgen soll. Das ist bei einer Geiselnahme nicht anders als bei einem Außendienst-Mitarbeiter, der kurz vor einem Vertragsabschluss steht.

In der Privatwirtschaft sind die Zeiten lange vorbei, in denen der Große den Kleinen frisst. Heute frisst der Schnelle den Langsamen. Das Erfolgsrezept der Cobra ist, dass sie immer einen Tick schneller ist als ihre Kontrahenten. Das geht nur, wenn sich die Führungskräfte zurücknehmen und ein perfekt funktionierendes System aufbauen, in dem die Mitarbeiter nicht zu bloßen Befehlsempfängern degradiert werden, sondern sich ihrer Verantwortung im Unternehmen voll und ganz bewusst sind. Bei der Verbrechensbekämpfung wie in der Konkurrenzsituation mit Mitbewerbern ist man täglich mit einer veränderten Fakten-Lage konfrontiert. Um diese Fakten richtig zuordnen zu können, muss man bestens auf den Ernstfall vorbereitet sein.

Wenn Sie den zehn Prinzipien der Cobra folgen, von denen hier in der Folge die Rede sein wird, dann werden Sie bestens für diesen Hochgeschwindigkeitsprozess, in dem sich heute jede Firma befindet, gerüstet sein. Ihr erster Schritt beim Aufbau einer noch effizienteren (oder effizienten) Firmenstruktur muss also die „Entwissenschaftlichung“ Ihrer Firma sein.

Wie erreicht man dieses Ziel? Indem die Mitarbeiter mit einem großen Maß an Selbständigkeit dazu in der Lage sind, einer genau festgelegten Strategie zu folgen. In der Praxis werden diese Ziele häufig zu komplex formuliert. Dem Cobra-Prinzip liegt grundsätzlich die Trennung in strategische und taktische Ziele zugrunde. Das bedeutet: Mit dem strategischen Ziel beschreiben Sie Ihr grundsätzliches, längerfristiges Konzept. Um diese Strategie auf Kurs zu halten, muss täglich eine Vielzahl taktischer Ziele erreicht werden. Auf die Erledigung der taktischen Ziele hat ein Unternehmer in der Regel keinen direkten Einfluss. Da ist er wieder auf die Qualität seiner Mitarbeiter angewiesen. Es ist also die Qualität von Individuen, die über Erfolg oder Misserfolg bei der Umsetzung einer Unternehmens-Strategie entscheidet. Deshalb ist es von enormer Bedeutung, dass die Mitarbeiter über die Unternehmensstrategie informiert werden. Diese Strategie muss transparent und vor allem leicht begreifbar und angreifbar sein. Und ihr muss eine klar definierte, überschaubare Zeitdauer zugrunde liegen. Hört sich leicht an. Ist es im Grunde auch. Wenn man sich an die zehn Grundprinzipien der Cobra hält.

Das Management als Entscheidungsträger

Ein Buch kennen fast alle Manager. Zumindest jene, die studiert haben: „Einführung in die Allgemeine Betriebswirtschaftslehre“ (Lechner, Egger, Schauer). Dieses Buch steckt voller schlauer Sätze. Und das ist leider auch das Dilemma für die Praxis. Denn wohl keine Fähigkeit ist so wichtig für ein Unternehmen wie eine richtige Entscheidung. Im Fachjargon wird das so definiert: „Erst durch eine zielgerichtete und planvolle Zusammenfassung (dispositive Tätigkeit) aller im Unternehmen vorhandenen produktiven Kräfte (Mensch und Vermögen) vermag das Unternehmen jene Leistungen zu erbringen, die es ihm ermöglichen, seine Stellung innerhalb der gesellschaftlichen Umwelt zu behaupten.“ Wer diesen Satz brav auswendig lernt, der wird die Prüfung wohl mit „Sehr gut“ abschließen. Seine Mitarbeiter wird er damit allerdings nicht motivieren können.

Weiters erfahren wir, dass die Personen, die sich überwiegend mit dispositiven Aufgaben beschäftigen, Manager genannt werden. Wobei sich dieses Management in Top-Management, Middle-Management und Lower-Management unterteilt. Grundsätzlich, so lautet die gängige Lehrmeinung, führt jeder im Unternehmen tätige Mensch sowohl dispositive als auch ausübende Tätigkeiten aus, wobei jedoch die ausführenden Tätigkeiten mit steigender Managementebene abnehmen und auf der obersten Führungsebene weitgehend entfallen sollten. Was schade ist: Denn es entscheiden meistens Menschen über den Fortbestand einer Firma, die gar nicht mehr wissen, woraus die ausführenden Tätigkeiten überhaupt bestehen.

Die Zeiten in der Wirtschaft haben sich grundsätzlich geändert. Das Anforderungsprofil des Managers leider kaum. Noch heute werden in Lehrbüchern Richtlinien von Wirtschaftswissenschaftern zitiert, die ihre Thesen für eine funktionierende Wirtschaft in den sechziger Jahren des vergangenen Jahrhunderts formuliert haben. Nicht alles davon ist schlecht: „Führungsentscheidungen sind für den Bestand des Unternehmens von grundlegender Bedeutung“ – da gibt es nichts dagegen einzuwenden. Auch nicht gegen die Meinung, dass zu Beginn der unternehmerischen Tätigkeit eine Vorgabe der anzustrebenden Leistungsziele zu stehen hat. Wer sich dann aber in der Ausbildung damit aufhalten muss, die Zielbildung im erwerbswirtschaftlichen Unternehmen auswendig zu lernen, der verschwendet Zeit. Ein Beispiel: „Das Ergebnis des jedenfalls von der Unternehmensführung getragenen und von allen übrigen Willensbildungszentren mitbeeinflussten Zielbildungsprozesses bildet das jeweilige Zielsystem des Unternehmens." Unter der Überschrift „Inhalt eines Ziels" findet man folgenden Eintrag: „Bezüglich des in Währungseinheiten messbaren Inhaltes können die Formalziele nach quantifizierbaren, nicht quantifizierbaren und sonstigen quantifizierbaren und nicht quantifizierbaren Zielen eingeteilt werden."

Das liest sich lustig. Ist es aber nicht. Es geht einfacher. Eine klare Zieldefinition ist auch ein wichtiger Eckpfeiler des Grundprinzips der Cobra. Mit der Ausnahme, dass wir von qualifizierten Zielen sprechen. Was in der Theorie mit gestelzten Sätzen erklärt wird, das kann man in der Praxis mit einigen wenigen Worten zum Ausdruck bringen.

Wer mit seiner Firma schon seit Jahren auf der Stelle tritt, der wird bei der Anwendung des Cobra-Prinzips entdecken, dass es die Einfachheit der Abläufe sein wird, die ihn weiter bringt. Er wird merken, dass seine Firma schneller und beweglicher wird. Und er wird merken, dass das ohnehin sein ureigener Instinkt ist. Grundsätzlich sind wir alle schnell und beweglich. Sie werden überrascht sein, wie leicht Sie diese Fähigkeit wieder erlangen, wenn Sie sich nur rechtzeitig von gewissen Eitelkeiten trennen.

Gelesen, umgeschaut und abgekupfert

Warum entscheidet man sich, einer Spezialeinheit anzugehören? In meinem Fall war es eine Aneinanderreihung von Zufällen und der unbeugsame Wille, in jeder Situation das Beste zu geben. Aus der Sicht eines Berufsanfängers kann ich zunächst nur den Tipp geben, nach strategischen Marktlücken Ausschau zu halten und diese dann so gut wie möglich selbst zu besetzen. Mein erster Kontakt mit der Gendarmerie entstand während der Schulzeit. Ich besuchte die Handelsakademie in Kitzbühel. Auf meinem Schulweg war ein Gendarmerie-Posten und da ich mich mit dem Lehrstoff der Handelsakademie wenig ausgelastet fühlte, schaute ich eines Tages in die Wachstube und fand einen etwas – sagen wir mal – demotivierten Beamten vor. Ich habe mich bei ihm informiert, wie man denn Gendarm werden könne. Er schaute mich mit ehrlich besorgtem Gesichtsausdruck an und meinte nur: „Da kann ich nur abraten. Schlechte Berufsaussichten, keine Karriere-Chancen. Vergiss das lieber gleich wieder. Du scheinst mir auch nicht im Geringsten dafür geeignet zu sein."

Zunächst war ich nur erstaunt. Es war mir unverständlich, wie man seinen Beruf, mit dem man ja in der Regel ein Leben lang sein Auskommen finden muss, so schlecht reden konnte. Aber dennoch: In dieser Sekunde hatte ich den Vorsatz gefasst, nach der Matura eine Karriere innerhalb der Gendarmerie zu versuchen. Als Grundlage dazu brauchte ich die Sicherheitsakademie. Schon während dieser Zeit habe ich mir folgendes Prinzip zurechtgelegt: Jetzt stelle ich mir die richtigen Fragen, räume dann sämtliche Unklarheiten aus, erstelle eine Taktik und mache dann – wenn's geht – Karriere.

Während meiner Ausbildung bin ich aber stets Realist geblieben. Ich wusste, dass ich kein Erfinder war. Ich habe also viel gelesen, mich umgeschaut und abgekupfert, wo es wert war, abzukupfern. Mein Bauchladen bestand demzufolge aus der Summe meiner Neugier. Mir wurde in den ersten Jahren meines Berufsweges schnell klar, dass man die Karriere nicht erzwingen kann.

Man muss vielmehr bestehende Muster erkennen und sich die bestehenden Systeme durch eine individuelle Anpassung zu Eigen machen. Geduld ist da eine wichtige Tugend. Denn die Menschheit ändert sich nicht von heute auf morgen. Das ist auch gut so, weil ja auch die Persönlichkeitsbildung ein langwieriger Prozess ist. Und wer unmittelbar nach seiner Ausbildung in eine Führungsposition gehievt wird, dem tut man damit keinen wirklichen Gefallen. Nach der Sicherheitsakademie trug ich mich allerdings zunächst selbst noch mit dem Gedanken, ein feines Plätzchen zu finden. Erste Angebote, etwa Referent im Innenministerium zu werden, habe ich dankend abgelehnt.

Mein Credo war schon damals: „Nur ja keine Topfpflanze sein." Bürokratie verkümmert den Menschen. Sie trägt keine menschlichen Züge, das ist leider so. Mein Weg führte zur Cobra und dort lernte ich rasch, dass man trotz eines hohen Rangabzeichens, also trotz „Goldener Sterne", zu Beginn gleich einmal gar nichts war. „Der Zeitpunkt wird kommen, an dem Sie Ihren Geburtstag bereuen", war einer der Sätze, der gar nicht schlecht beschrieben hat, was im Laufe des Basis-Lehrgangs auf mich zukam. Im Klartext hieß das: „Sechs Monate Basis-Lehrgang unter besonderer Belastung der ‚goldenen Kekse'." Das hört sich nach Hollywood an, nach „Ein Offizier und Gentleman" mit Richard Gere in der Hauptrolle. Hollywood kann auch lehrreich sein: Die Regel, dass hohe Dienstgrade in der Ausbildung eine höhere Belastung erfahren sollen, ist tatsächlich der Kern des Erfolgs. In militärischen Bereichen ebenso wie in der Privatwirtschaft.

Im Optimalfall sollte eine Führungskraft also immer mehrere Stationen in ihrem Betrieb durchlaufen haben. Sie soll am eigenen Leib gespürt haben, was es bedeutet, in schwierigen Situationen ihre Aufgaben zu erledigen. Wenn etwa der Geschäftsführer einer Firma, die Garagentore erzeugt, selbst in der Lage ist, diese Tore auch einzubauen, dann hat er nicht nur den Respekt seiner Monteure, sondern er kann auch genau abschätzen, was er wirklich von seinen Leuten verlangen kann. Einer der wichtigsten Grundsätze innerhalb des Cobra-Prinzips lautet: „Wer Weisungen erteilt, der soll verstehen, was sie bedeuten."

Bei der Cobra hatte die Ausbildung hauptsächlich mit Überwindung zu tun. Und es kommt deshalb nicht von ungefähr, dass zum Beispiel

„Abseilen unter erschwerten Bedingungen" in der Privatwirtschaft längst Einzug in die Ausbildung von Führungskräften gefunden hat. Die Tatsache, dass sich viele Führungskräfte bereits in Klettergärten dieser Prozedur stellen, ist begrüßenswert. Da hat man etwas Seltenes geschafft, etwas, wozu tatsächlich nicht jeder in der Lage ist. Das entwickelt ein ehrliches Selbstwertgefühl, über das eine Führungskraft auch unbedingt verfügen sollte. Nur so kann sie auch eine innere Ruhe entwickeln, die im Umgang mit den Mitarbeitern nötig ist. Ein Chef darf keine Unruhe ausstrahlen. Wenn er diese Fähigkeit hat, dann schafft er wertvolles Vertrauen und sorgt alleine deshalb schon für die tägliche Motivation.

Die Cobra im Wandel der Zeit

Die Cobra wurde 1978 gegründet, und zwar als Antwort auf die terroristischen Aktivitäten der Bader-Meinhoff-Gruppe. Die Rote Armee Fraktion (RAF) hielt mit ihren Terror-Anschlägen ganz Deutschland in Atem. Die Sorge, dass diese terroristische Bedrohung auch auf Österreich überschwappen könnte, war begründet. Durch die Zusammenarbeit der RAF mit arabischen Terror-Zellen weitete sich die Bedrohung zu einem ernsten, internationalen Problem aus. Als Schlüssel-Datum in der internationalen Terrorbekämpfung gilt der 18. Oktober 1977. Da wurde die Flugzeug-Entführung der „Landshut" in Mogadischu durch die deutsche Spezialeinheit GSG 9 beendet. Alle vorhergehenden Verhandlungen mit den palästinensischen Geiselnehmern waren gescheitert. Also entschloss sich der damalige Bundeskanzler Helmut Schmidt zu einer gewaltsamen Beendigung der Flugzeugentführung.

Entgegen schlimmsten Befürchtungen konnten sämtliche Geiseln unverletzt befreit werden. Mit dieser vorbildlich durchgeführten Aktion wurde die GSG 9 zum Vorbild in der Bekämpfung des organisierten Verbrechens. Den Grundpfeiler dieser Spezialeinheit bildete damals die strenge Organisation. Die Arbeitsabläufe innerhalb der Spezialeinheiten folgten also festen Mustern. Dazu benötigte man natürlich ein regelmäßiges, hartes Training, ständigen Einfluss auf die Motivation der Truppe und die Fähigkeit, das Erlernte im Ernstfall punktgenau umzusetzen.

Allerdings haben sich die Anforderungen in der Verbrechensbekämpfung seitdem weitgehend geändert. Wir erkannten, dass wir das falsche Angebot hatten, um unseren Job hundertprozentig zu erledigen. Also haben wir unsere Aufgabenstellung neu definiert. Bis zu diesem Zeitpunkt lautete das Motto: Großer Einsatz – auch wenn es die Situation gar nicht erforderte. Das erste Ziel war, die Einsätze besser aufeinander abzustimmen. Ein Unternehmen, das unserer Meinung nach nur durch eine Reform der österreichischen Spezialeinheiten zu erreichen war. Immerhin gab es zu diesem Zeitpunkt insgesamt 23 verschiedene Einheiten.

Das erste Problem war die natürliche Reaktion der Mitarbeiter. Es fällt dem betroffenen Personal immer schwer, wenn bis dahin gültige, feste

Strukturen auf einen Schlag verändert werden. Es galt, unsere Anliegen so schnell wie möglich glaubhaft zu vermitteln.

Ich sollte für die Reformpläne gleichermaßen in der Öffentlichkeit sowie bei den betreffenden Einheiten eine zustimmende breite Basis schaffen. Der Schachzug, mich als jungen Brigadier mit einer solchen Aufgabe zu betrauen, war sehr gut überlegt. Erstens war ich keiner politischen Partei zuzuordnen, was die ganze Aktion weitgehend frei von dem Verdacht einer politischen Einflussnahme machen sollte. Zweitens war meine „Jugend" von großem Vorteil: Denn radikale Ideen wirken nicht so extrem, wenn sie von einem jungen Menschen formuliert werden. Die Maßnahme, junge Menschen bei der Umsetzung von strukturellen Änderungen in die Verantwortung zu nehmen, hat sich auch schon in vielen Bereichen der Privatwirtschaft bewährt. In meinem Fall kam noch eine humorvolle Komponente dazu: das war tatsächlich die Überlegung, dass ich Tiroler bin. Ein junger Tiroler, der radikale Ideen formuliert – das überraschte nun wirklich niemanden mehr. Wenn es schon Vorurteile gibt, die nicht zu ändern sind, warum soll man sie sich dann nicht zu Nutzen machen?

Möchte man solche Veränderungen dann in die Tat umsetzen, dann muss man sich bewusst sein, dass strukturelle Änderungen den Betroffenen immer wehtun. So etwas darf nie zu einem bloßen Planspiel werden, das auf Zahlen und gesichtslosen Figuren beruht. Hier verlieren Menschen ihre berufliche Heimat. Andererseits muss es – um auf Dauer effizient arbeiten zu können – eine Form des humanen Leistungsprinzips geben. Diese Tatsache kann man nur vermitteln, wenn man sich als Führungskraft persönlich vor die Leute stellt und die Sachverhalte klar darlegt. Vom Schreibtisch aus wären solche Veränderungen zwar auch durchzusetzen, aber die Motivation und in der Folge die Qualität der Leistungen der Mitarbeiter würden dabei unweigerlich sinken. Ich entschloss mich daher, auf eine Diskussionstour durch sämtliche Bundesländer zu gehen und erlebte dabei selbst eine Menge Überraschungen.

Ich dachte, nach wenigen Gesprächen würden die österreichischen Bürger und unsere Mitarbeiter erkennen, dass in dieser Causa ein dringender Handlungsbedarf besteht. Das war ein Trugschluss. In Linz wurde ich sogar mit einer Demonstration empfangen. Ich war zunächst verblüfft, habe aber dennoch die Erfahrung gemacht, dass man mit der nötigen Offenheit und Ruhe auch fanatische Gegner des Vorhabens zum Einlenken bewegen konnte. In Graz war die Stimmung bei einer Diskussionsveranstaltung dann besonders giftig. Nachdem die Zusammenlegungspläne vorgetragen worden waren, wurde mir eine harsche Frage entgegengeschleudert: „Wem ist dieser Blödsinn eingefallen?“ Da schluckt man dann dreimal und überlegt, wie man die Stimmung wieder versachlichen kann. Ich tat in dieser Situation wahrscheinlich das einzig Richtige, stellte mich vor die Leute und sagte mit ruhiger Stimme: „Mir! Wolfgang Bachler. Geboren am …“ Damit hatte ich mir mit einem Satz zumindest den Respekt meiner Gegner gesichert.

Das Signal, das ausgesendet wurde, war klar: Da stellt sich einer hin und versteckt sich nicht hinter den Namen von Politikern. Jetzt erst konnte das Problem von Angesicht zu Angesicht ausdiskutiert werden. Hat man diese Basis des gegenseitigen Vertrauens erreicht, dann muss man mit einfachen Worten erklären, in welcher Situation sich das Unternehmen befindet. Definieren Sie das Ziel, wo die Reise hingehen soll. Als Führungskraft, die ernst genommen werden will, muss man seinen Mitarbeitern auch einen gut durchdachten Weg anbieten, auf dem man so sicher wie möglich zu diesem großen Ziel gelangen kann. Erst dann ergibt sich die Möglichkeit, dass alle Mitarbeiter eines Unternehmens an einem Strang ziehen.

Situationen wie diese betreffen in der Praxis auch Führungskräfte in den unteren Rängen. Hat etwa ein Schichtführer eine gute Idee und besitzt er zusätzlich die Machtfülle, von seinen Mitarbeitern die Umsetzung zu fordern, dann passiert es nicht selten, dass er mangels Selbstbewusstsein andere Verantwortliche vorschiebt. „Wer hat das angeordnet?“ – „Na, die da oben.“ Dann ist die gute Idee oft schon zum Scheitern verurteilt, bevor ernsthaft darüber nachgedacht wurde. Die Motivation der Mitarbeiter ist naturgemäß höher, wenn Veränderungen aus ihrer unmittelbaren Umgebung kommen. Ein unmittelbarer Vorgesetzter kennt die Fähigkeiten seiner Leute am allerbesten. Diese Vorschusslorbeeren existieren in jeder Firma. Sie sollten genutzt werden.

Die Grundforderung der neuen Cobra war eigentlich sehr simpel: Wir wollten die Leistung so schnell wie möglich dorthin schaffen können, wo sie gebraucht wurde. Das geht nur mit der entsprechenden Dezentralisierung. Bei so einem Vorhaben muss der Blick in die Zukunft gewandt werden. Für die Reformierung der Spezialeinheiten bedeutete das: Reden wir doch darüber, was es *jetzt* gibt. Nicht darüber, was einmal *war*. Das ist ein radikaler Schnitt, der Angst machen kann. Deshalb muss man in dieser Phase sofort menschliche Wärme ausstrahlen. Der wohl wichtigste Satz in dieser Phase ist: „Willkommen in Ihrer neuen beruflichen Heimat." Das schafft Vertrautheit, das Gefühl einer ersten Nähe in einer unbekannten, neuen Zeit. Es gilt, den Mitarbeitern klar zu machen, dass sie ab dem zweiten Tag alle in einer Einheit sind, die stolz auf sich sein kann. Und was das Wichtigste ist: Alle müssen zu den gleichen Bedingungen dazukommen. Das ist der erste Schritt zu einem funktionierenden Leistungsprinzip.

Die Besten sind gerade gut genug

Wie bekommt ein Unternehmer die besten Leute? Diese Frage ist von Branche zu Branche anders zu beantworten. Natürlich hat es ein gastronomischer Betrieb während der Hochsaison nicht so leicht, Fachkräfte zu werben wie eine Spezialeinheit, deren Zulauf schon dadurch garantiert ist, weil sich der Mensch dank seiner Eitelkeit naturgemäß lieber den besonderen Anforderungen einer Elite-Einheit unterwirft. Jedem Unternehmer sollte aber klar sein, dass er seinen Mitarbeitern Prestige bieten muss. Man muss eine Ausbildung anbieten, die es nicht an jeder Straßenecke gibt, denn so kann eine Art künstliche Eitelkeit geschaffen werden. Das erfordert allerdings frisches Denken.

Bleiben wir beim Beispiel Gastronomie: Handelt es sich um einen Qualitätsbetrieb, dann spricht nichts dagegen, wenn die einzelnen gastronomischen Bereiche eng verknüpft werden. Wenn das Service-Personal inklusive Barkeeper intensiv mit dem Küchenteam zusammenarbeitet, dann trägt diese Zusammenarbeit für den ganzen Betrieb Früchte. Fördern Sie diesen Erfahrungsaustausch einzelner Bereiche in Ihrem Unternehmen! Wenn ein Kellner dem zufriedenen Gast etwa in groben Zügen das eine oder andere Rezept verraten kann, dann wird der Gast garantiert begeistert das Lokal verlassen.

Wie sieht nun das Auswahlverfahren bei der Cobra aus? Den Sprung in die Cobra haben nach der Zusammenlegung von Gendarmerie und Polizei 336 Beamte von ursprünglich 714 Interessenten geschafft. Aber keiner der Interessenten ist freiwillig abgesprungen. Es ist für die Qualität eines Betriebes unverzichtbar, dass Führungskräfte die Mitarbeiter dazu bringen, dass sie stolz sind, in diesem Betrieb arbeiten zu dürfen. Das ist der Schlüssel zum Erfolg. Geben Sie Ihren Mitarbeitern ruhig das Gefühl, dass sie einer Elite-Einheit angehören. Wer das nötige Selbstbewusstsein hat, der ist belastbarer, ist neugieriger und bringt sich auch selbst viel intensiver in das Unternehmen ein. Was bei der Cobra dazu kommt, das ist natürlich dieser gewisse Kick. Das Adrenalin. Aber das kommt bei jedem erfolgreichen Unternehmen unweigerlich dazu, wenn es sich ständig weiterentwickelt. Denn dann werden zum Beispiel die

Kunden einflussreicher und prominenter, was ein zusätzlicher Ansporn für die Mitarbeiter ist.

Keinesfalls unterschätzt werden darf bei der Zusammenstellung eines Teams auch die ausgewogene Alters-Mischung. Es wurde in den letzten Jahren in der Privatwirtschaft zunehmend populär, wichtige Positionen durch junge Mitarbeiter zu besetzen. Das kann in Einzelfällen von Vorteil sein, vor allem dann, wenn es darum geht, radikale Änderungen innerhalb eines Unternehmens durchzusetzen. Wer aber im Übereifer in seinem Betrieb diesem Zeitgeist folgt und freiwillig auf die Routine und Lebenserfahrung älterer Mitarbeiter verzichtet, der vernichtet unwissentlich ein unschätzbar wertvolles Kapital.

In der Cobra, in der man naturgemäß einen deutlichen Überschuss an jungen, durchtrainierten Draufgängern vermuten würde, haben wir nach jahrelangen Erfahrungen das optimale Verhältnis mit 50:50 festgelegt. Das heißt, ein Team soll zu 50 Prozent aus „jungen Pfeilen" bestehen, zu weiteren 50 Prozent aber aus „alten Hasen". Die Erfahrung hat uns gelehrt, dass ältere Mitarbeiter in der Praxis alleine schon durch ihre Rhetorik Leben retten können. Sie sind umsichtiger und strahlen in Krisensituationen die nötige Ruhe aus. Unterschätzen Sie nicht das Bedürfnis Ihrer Kunden. Auch diese schätzen die Ruhe und Zuverlässigkeit älterer Mitarbeiter enorm. Abgesehen davon sind ältere Menschen ein ständig wachsender Markt. Bedenken Sie, dass diese potenziellen Kunden auch Berater brauchen, die ihre Sprache sprechen und sich auch ihrem Alter entsprechend verhalten.

Der erste Teil bei einem Cobra-Auswahlverfahren bildet der medizinische Teil. Ein Kriterium übrigens, dem vor allem amerikanische Konzerne immer mehr Bedeutung beimessen. Führungskräfte werden dort regelmäßig sportmedizinischen Tests unterzogen. Das Unterschreiten von Standardwerten führt bei manchen Unternehmen bereits zur Kündigung.

Bei der Cobra steht eine ärztliche und sportmedizinische Untersuchung sowie die Überprüfung der Flugtauglichkeit am Beginn der Eignungstests. Natürlich ist eine Anwendung dieser extremen Tests im privatwirtschaftlichen Bereich erheblich übertrieben. Der Vollständigkeit halber seien sie aber an dieser Stelle ausgeführt: Nach dem Ausfüllen eines Fragebogens über bisherige Erkrankungen und Verletzungen werden die Körpermaße aufgenommen. Danach beginnen die Belastungstests: Mit dem Fahrradergometer Meditronic 40-3 können rechtzeitig Veränderungen der Herzleistung und atypische Herzrhythmusstörungen erkannt werden. Der Kandidat muss zu diesem Zweck eine halbe Stunde in die Pedale treten. Das Cardiognost EK registriert dabei die Belastungssteigerungen in 40 Watt-Schritten (im Abstand von drei Minuten). Danach werden Seh- und Hörkraft und die Vitalkapazität der Lunge getestet. Weiters wird der Harn auf Drogen untersucht und durch einen Reflotron-Bluttest werden Leberwerte, Harnsäure, Diabetes und Nierenwerte überprüft. Den Abschluss bildet eine klinische Untersuchung durch einen Vertragsarzt.

Der zweite Teil des Auswahlverfahrens ist für die Privatwirtschaft wieder von größerer Bedeutung. Denn nach den physischen Tests werden die Kandidaten nun den psychologischen Tests unterzogen. Hier ist es vor allem wichtig, dass man weiß, was man *nicht* will. Bei der Cobra sind es vor allem aggressive Verhaltensweisen, die herausgefiltert werden. Wer aggressive Züge zeigt, der hat nicht die geringste Chance aufgenommen zu werden.

Erst nachdem die psychologische Hürde genommen wurde, kann der Kandidat seine spezifischen Leistungen zeigen. Hier werden mittels verschiedener Tests die besonderen körperlichen Fähigkeiten überprüft. Diese Tests umfassen den Umgang mit der Waffe ebenso wie diverse Geschicklichkeitsübungen. Dabei wird der Kandidat bewusst mehrfach beschäftigt, um herauszufinden, wie sein Gehirn unter Stress arbeitet. Auch diese Übung führt uns wieder in den Dunstkreis der Gastronomie. Es gibt Headhunter, die Führungskräfte testen, indem sie ihre Kandidaten einen Tag lang als Koch in einer Großküche arbeiten lassen. Unter ständiger Beobachtung müssen diese gleichzeitig mehrere Gerichte kochen. Wer Küchenstress bewältigen kann, so die Überlegung der Headhunter, der schafft es auch in der Führungsetage eines Großunternehmens. Keine schlechte Idee. Obwohl sie auch gleich versuchen könnten, Spitzenköche für die Funktion von Spitzenmanagern abzuwerben …

Bleibt als letzter entscheidender Punkt also nur noch das persönliche Gespräch. In diesem Stadium entscheidet sich alles. Hier ist das Fingerspitzengefühl des Chefs gefragt, der in diesem Fall natürlich seine persönlichen Kriterien einbringen muss. Er muss intuitiv eine Entscheidung treffen. Die Frage, ob der Kandidat menschlich in das Team passt, ist dabei viel wichtiger als ein Stapel Auszeichnungen und Zeugnisse. Wie verhält sich der Kandidat während des Gesprächs? Sucht er beim Reden den Blickkontakt? Eine goldene Regel bei der Einstellung von Mitarbeitern ist die hundertprozentige Überzeugung, dass man den Richtigen vor sich hat. Erfüllt er die Qualitätskriterien nicht, dann lassen Sie die Finger davon. Das würde nur das Leistungsprinzip verwässern. Wenn Sie aus hundert Bewerbungen keinen Mitarbeiter finden, der Ihren Kriterien entspricht, dann ist es besser, Sie schrauben Ihre Expansionspläne zurück, als dass Sie ein Ziel mit den falschen Leuten erreichen wollen. Ein Vorhaben mit dem falschen Team ist dazu verurteilt, in sich zusammenzufallen. Auch auf die Gefahr hin, dass ich mich wiederhole: Verlieren Sie nie Ihr Leistungsprinzip aus den Augen.

Ein weiterer, häufig vernachlässigter Punkt in der Ausbildung von Mitarbeitern ist ihr Auftreten in der Öffentlichkeit. Da sind Ihre Team-Mitglieder Aushängeschilder. Bevor ein Cobra-Mann in sein Bereitschaftsrad aufgenommen wird, wird er noch speziell auf Höflichkeit gedrillt. Was dem Cobra-Mann sein rotes Barett ist, das muss dem Mitarbeiter eines Unternehmens sein Firmenlogo sein. Als Repräsentant eines Unternehmens muss man bestimmte Mindestanforderungen an höflichem Auftreten erfüllen. Das betrifft Umgangsformen im Theater ebenso wie Verhaltensregeln bei einem Abendessen. Wer weiß schon genau, was er zu tun hat, wenn er mit ungeschicktem Gabeleinsatz einen Semmelknödel über den Tellerrand bugsiert, auf dass dieser unter verblüffter Beobachtung des Dilettanten auf den Boden fällt und schließlich unter dem Tisch zum Liegen kommt. Man lässt ihn dort unten unbeachtet liegen.

Auch sollte man sich im Allgemeinen nicht zu wichtig nehmen. Vor allem, wenn man etwa wie bei der Cobra mit dem Schutz hochrangiger Personen zu tun hat. Es ist besser, man hält sich im Hintergrund. Ein österreichischer Spitzenpolitiker ließ sich etwa nach einer künstlerisch sicherlich wertvollen Musikaufführung von seinen Begleitern versichern, dass sie Zeugen einer großartigen Aufführung geworden waren. Bevor er in sein Hotelzimmer ging, richtete er dieselbe Frage höflichkeitshalber auch noch an mich. Mir rutschte heraus, dass ich die Aufführung für einen „ziemlichen Blödsinn" hielt. Nach peinlichen fünf Sekunden der Stille brach er zwar dann doch noch in ein befreiendes Lachen aus und unterstützte schließlich meine Version der Kunstkritik. Aber mir war sofort klar, dass ich gegen das Cobra-Prinzip verstoßen hatte. Als Personenschützer hat man sich nicht in die Kunstkritik einzumischen, auch wenn man mit seiner Beurteilung gar nicht so weit daneben liegt ...

Innerhalb seines Einsatzgebietes muss man sich im Griff haben. Denn Fehler im Auftreten können bei anderen Einsätzen mit lebensbedrohenden Gefahren verbunden sein. Das beste Beispiel dafür sind die Cobra-Leute, die als bewaffnete Flugbegleiter bei Passagier-Flügen eingesetzt werden: die „Air Marshals", deren Know-how inzwischen bei Fluglinien in mehr als 50 Staaten gefragt ist.

Frisches Denken – Beispiel Flugsicherheit

Die bewaffneten Flugbegleiter, die so genannten „Air Marshals“ gibt es schon seit 1981. Auch sie waren eine Antwort auf die Bedrohung der zivilen Luftfahrt. Zunächst waren sie uniformiert. Das sollte der Abschreckung dienen, stellte sich aber später als zusätzliches Sicherheitsrisiko heraus. Für potenzielle Terroristen, so lautete der berechtigte Einwand, seien uniformierte Flugbegleiter ein Signal. Frei nach dem Motto: „Seht her, ich habe eine Waffe. Wer mich überwältigen kann, der kann sie dann auch benutzen. Gutes Gelingen wünsche ich noch …“

Seit 1990 sind die Flugbegleiter nicht mehr uniformiert. Ihre Unauffälligkeit wurde sogar zu ihrer absoluten Stärke. Das ist ein wichtiges Kriterium bei der Besetzung dieser Posten.

Das Konzept der „Air Marshals“ wurde permanent weiterentwickelt. Nach den verheerenden Terroranschlägen vom 11. September, als entführte Flugzeuge als Waffe eingesetzt wurden, hat der Schutzgedanke eine neue Dimension erreicht. Es gilt nun in der Terror-Bekämpfung als legitim, die Passagiere eines Fluges zu opfern, wenn damit die Ausführung eines noch größeren Verbrechens verhindert werden kann. Als mögliche Alternative würden sich hier die „Armoured Cockpits“ anbieten. Also Flugzeug-Cockpits, die das Piloten-Team von den Passagieren trennen.

Dennoch weist dieses System noch genügend Schwachstellen auf. Die Flugsicherung nach dem Cobra-Prinzip sieht viel umfassender aus: „Armoured Cockpits“ können nur ein Teil einer Gesamtlösung sein. Da ist zunächst einmal eine entscheidende Unbekannte: Niemand kann wissen, wie sich die Cockpit-Besatzung tatsächlich verhält, wenn Terroristen den Passagierraum unter Kontrolle gebracht haben.

Das Sicherheitssystem kann also nur mehrstufig ausfallen. Da gibt es zunächst die „Preflight Security“. Das ist kein großes Geheimnis. Dieses Sicherheitssystem kennt jeder, der schon einmal geflogen ist. Dafür gibt es mittlerweile genaue Richtlinien der Europäischen Union: Durchleuchtung des Gepäcks, Überprüfen der Passagiere auf Gegenstände, die als Waffen verwendet werden können etc. Jeder Passagier wird inzwischen peinlich genau vor dem Abflug überprüft. Die aktuelle Diskussion um die „Preflight-Security" wird allerdings immer intensiver, da die angedachten und teilweise auch bereits umgesetzten Maßnahmen in einem groben Widerspruch zum Datenschutz stehen.

Es gibt da bereits frischere Denkweisen: Neben der „Inflight-Security" (die Bereitstellung von bewaffneten Flugbegleitern) setzt man nun auch stärker auf die „Post-Flight-Security". Das heißt, dass sämtliche relevanten Informationen eines Fluges, im Speziellen aber von bereits durchgeführten Verbrechen, akribisch gesammelt werden. Alle Informationen werden dann zentral gespeichert und neu zusammengesetzt. Daraus ergibt sich ein sehr exaktes Bild – eine Art Terroristen-Charakterisierung, die wiederum in die „Preflight-Security" wandert. Das sind zum Beispiel Fakten wie: Barbezahlung eines Tickets oder Reisende, die nur Handgepäck mit sich führen. Reichert man diese Fakten mit zahlreichen weiteren Kriterien an – die hier aus verständlichen Gründen nicht genannt werden können –, dann ergibt sich daraus ein effizientes Frühwarnsystem mit einer erstaunlichen Trefferquote. Ein wichtiger Nebenaspekt: Der Datenschutz wird weitgehend respektiert.

Ein Problem lässt sich allerdings bei auch noch so exzellenten Frühwarnsystemen nicht ausschalten. Die Terroristen suchen sich dann eben so genannte „weiche Ziele", wie etwa der U-Bahn-Anschlag in Madrid beweist. Es gibt für Terroristen viel zu viele Angriffsflächen. Würde man in der Terror-Bekämpfung das Leistungsprinzip anwenden, dann käme man nicht umhin, statt militärischer Mittel eine Art politische Anti-Terror-Einheit einzusetzen. Die aktuellen Probleme des internationalen Terrors lassen keinen anderen Schluss zu, als dass man den Dialog suchen muss. Das heißt, man darf bei der Terror-Bekämpfung das Palästina-, Afghanistan- oder Irak-Problem nicht ausklammern. All das sind Probleme, die von der Polizei nicht gelöst werden können. Das sind politische Fragen. Es ist zwar unabdingbar, über Schutzinstrumente zu verfügen, eine Top-Ausstattung und vor allem eine hohe Verfügbarkeit dieser Mittel zu haben. Aber der internationale Terrorismus wird auf Dauer nicht alleine durch Spezialeinheiten bekämpft werden können.

2 Grundlagen

Der Kern des Leistungsprinzips

Es wurde schon ausführlich darauf hingewiesen, warum der einzelne Mitarbeiter in einem Team, das einem klar formulierten Leistungsprinzip folgt, so enorm wichtig ist. Das ist im militärischen Bereich ebenso bedeutend wie im wirtschaftlichen und sportlichen. Gerade im Mannschaftssport finden sich immer wieder Beispiele, die diese Theorie unterstützen. Kein Mensch hätte geglaubt, dass das griechische Fußball-Team in der Lage sein würde, den Europameister-Titel zu erlangen und dabei nahezu sämtliche Favoriten wie Frankreich, Tschechien und Portugal souverän aus dem Feld zu räumen. Dieser Erfolg war nur möglich, weil sich die Mannschaft streng an das Leistungsprinzip hielt. Die Griechen hatten keine Stars, aber sie wurden von ihrem Trainer Otto Rehhagel optimal auf ihre Gegner eingestellt. Dazu gehörte, dass von Beginn jedes Spiels an jedes Team-Mitglied ganz genau wusste, wo seine Hauptzuständigkeit lag, was auch ein chaotisches Durcheinander erleichtert und für eine optimale Ressourcenökonomie sorgt. Das ist der Kern des Leistungsprinzips.

Damit es aber auf Dauer wie geschmiert läuft, ist es von großem Nutzen, wenn jedes Team-Mitglied so gut wie möglich über die restlichen Abläufe des gesamten Unternehmens Bescheid weiß. Mit einem Satz: „Ein Stück des Kuchens schmeckt immer genau so wie der Rest der Torte." Und genau dieser Satz beschreibt die Abkehr vom Spezialistentum.

Dazu ein Beispiel aus der Arbeit des Gendarmerie-Einsatzkommandos: 1994 nahm der jordanische König Abdullah II, damals noch Kronprinz und Oberbefehlshaber der königlichen Truppen von Jordanien, an einer Ausbildung bei der Cobra teil. Er absolvierte zwei Wochen lang wie ein ganz gewöhnlicher Auszubildender einen Spezial-Lehrgang. Mit seinem Bruder, Prinz Ali Bin Hussein, stattete der jordanische König 2001 der Cobra erneut einen Besuch ab. Diesmal ließ er sich aber im Rahmen eines Staatsbesuches lediglich über die neuesten Entwicklungen innerhalb der Cobra informieren. Gewöhnlich spaziert zu so einem Anlass der ranghöchste Offizier mit dem Spitzenpolitiker durch die zuvor penibel organisierte Leistungsschau. In diesem Fall wählte ich einen Inspektor aus, der dem jordanischen König die Abläufe innerhalb der Cobra erklären sollte.

Die Botschaft, die dahinter steckt: Jeder Mitarbeiter muss wissen, was in dem ganzen Laden vor sich geht. Und die goldene Regel lautet diesbezüglich: Jeder Mitarbeiter einer Firma sollte jederzeit in der Lage sein, einer fremden Person zu erklären, was in diesem Unternehmen vor sich geht, wer welche Leistungen zu erfüllen hat und wie er das in der Praxis schafft. Wer sich die Zeit nimmt, seine Mitarbeiter über die Gesamtheit der Abläufe in seiner Firma zu informieren, der ist den wichtigsten Schritt gegangen, der zu einem bestens ausgebildeten Mitarbeiter führt. Außerdem sind Signale, wie jenes der Auswahl eines Inspektors bei der Begleitung eines hohen Staatsbesuches, eindeutig.

Die Mitarbeiter erfahren durch solche symbolischen Gesten, dass sie es sind, die den Laden am Laufen halten und dass sich hier nicht ein General im Licht ihrer Leistungen sonnen will. Im Gegenteil: Indem man sich bei solchen protokollarischen Anlässen als Führungskraft zurücknimmt, zeigt man dem ganzen Unternehmen, dass man jederzeit auf die Fähigkeiten seiner Mitarbeiter vertraut. Das sind vertrauensbildende Maßnahmen, die Sie bei allen Mitarbeitern beliebt machen. Denn Sie holen einen der Ihren für eine verantwortungsvolle Tätigkeit heraus und signalisieren damit: „Ich weiß, dass meine Leute dazu imstande sind. Immer und überall."

Auch der ehrenvoll zu behandelnde Staatsgast wird Maßnahmen dieser Art in der Regel schätzen. König Abdullah II etwa war von der Führung dermaßen begeistert, dass er wenig später einen Dankesbrief schrieb, in dem stand: „Was ich dort erlebte, verlieh meinem Besuch einen besonderen Höhepunkt, und ich freue mich, Ihnen zu Ihrem hohen Ausbildungsniveau, der Schlagkraft und den beachtlichen Leistungen Ihres hoch geschätzten Kommandos gratulieren zu können." Da freut man sich doch …

Führungspersönlichkeiten können nur davon profitieren, wenn sie merken, dass sie Mitarbeiter haben, die in der Lage sind, Führungsaufgaben zu übernehmen. Wer seine Mitarbeiter ordentlich ausbildet, der muss auch keine Angst haben, dass sein Vertrauen in so einer Situation fehl am Platz war. Vermitteln Sie Ihren Mitarbeitern, dass Ihre Themen auch deren Themen sind, dass sie sich nicht hinter einem System verstecken dürfen. Dass sie aktiv in den Vordergrund treten sollen. Den Zeitpunkt dazu soll jeder Mitarbeiter selbst bestimmen. Wenn Sie verantwortungsbewusste Mitarbeiter haben, dann müssen Sie ständig darauf gefasst sein, dass diese Mitarbeiter jederzeit in der Lage sein müssen, aus dem Schatten von vorgefertigten Führungsprinzipien zu treten. Diese Mitarbeiter sind nicht frech, eitel oder selbstgefällig. Sie wollen etwas bewegen. Sie wollen damit sagen: „Seht her. Ich stelle mich zur Verfügung. Nicht als Figur, sondern als Mensch, der mitdenkt und das Beste für seine Firma will.“ Viele Unternehmer haben solche Mitarbeiter und aus Gründen gekränkter Eitelkeit werden sie von ihren Vorgesetzten wieder zurück ins Glied gejagt. Das ist eine nach logischen Gesichtspunkten sinnlose Verschwendung von Engagement.

Das Prinzip des Minimalzugriffs

Das Prinzip des Minimalzugriffs ist schnell erklärt: Man muss keinen Bagger bestellen, wenn man einen Rosenstock im Garten eingraben will. Im Bereich der Verbrechensbekämpfung bedeutet das ganz einfach: „Schießen Sie nicht mit Kanonen auf Spatzen." Der Hauptgrund aber, warum man die Anwendung der Mittel bescheiden halten sollte, ist die Philosophie, die dahinter steckt. Als wir etwa mit der Geiselnahme im Gefängnis Graz-Karlau konfrontiert wurden, waren wir in einer heiklen Situation. Die Geiseln wurden auf eine infame und hinterhältige Weise mit dem Tod bedroht. Hinterher wurden wir oftmals gefragt, warum wir die Geiselnehmer nicht einfach gezielt erschossen hätten.

Die Antwort ist ganz klar: Man darf seine Philosophie nicht brechen lassen. In diesem Fall würde man der Gewalt Tür und Tor öffnen. Gezielte Tötungen rufen immer Hass und Rachegefühle hervor. Solange eine Situation anders zu bereinigen ist, solange muss es versucht werden. Negative Beispiele gibt es gegenwärtig genug: Bei der internationalen Terrorbekämpfung sind gezielte Tötungen an der Tagesordnung. Das Resultat ist bekannt. Aus diesem Kreislauf aus Misstrauen, Hass und Gewalt gibt es auf vorhersehbare Zeit kein Entrinnen.

Zur Terrorismus-Bekämpfung muss man die richtigen Instrumente einsetzen. Dazu gehört zuallererst der Dialog. Die sofortige Anwendung von Gewalt würde nur zu einer Steigerung der Konfrontationen führen. Die gezielte Tötung ist ein Instrument von Anti-Terror-Einheiten. Aber sie sollte erst eingesetzt werden, wenn Sie sicher sind, dass alle anderen Möglichkeiten nicht zum Ziel führen.

Am effizientesten arbeitet man in so einer Situation mit einem Projekt-Tagebuch, in das sämtliche Informationen einlaufen müssen. Die zu erreichenden Ziele müssen dabei immer dem Prinzip des Minimalzugriffs untergeordnet sein. Nur diese Informationsstruktur kann auch eine Einhaltung des Prinzips des Minimalzugriffs gewährleisten. Man muss die Entwicklung so gut es geht immer auf Augenhöhe verfolgen. Bei der Geiselnahme waren es tausende Informationen, die in das Projekt-Tagebuch eingeflossen sind. Solche permanenten Aufzeichnungen sind bei einer

Problemlösung von enormer Bedeutung, da sie dokumentieren, wie sich die Ausgangssituation verändert und somit erst eine flexible Anpassung der Strategie ermöglicht wird.

Bei Eingriffen, die der Lösung des Problems dienen, muss man sich aber ständig in Erinnerung rufen, dass man weder bei einer Spezialeinheit noch im Unternehmen den Beruf eines Richters ausübt. Es kann deshalb nie das Ziel sein, in selbstgerechter Art und Weise einen Konkurrenten auszuschalten. *Die Problemlösung ist das Ziel.* Natürlich ist eine Problemlösung immer im eigenen Sinne anzustreben, aber es muss um jeden Preis vermieden werden, verbrannte Erde zu hinterlassen. Bei der Cobra ist dieser Grat sehr schmal. Das liegt in der Natur der Aufträge, die erledigt werden müssen. Denn eine Spezialeinheit kann sich nicht als Rosentruppe à la Gandhi verkaufen. Das Ziel ist die Kriminalitätsbekämpfung.

Wenn man es allerdings schafft, diesen Kampf als Problemlösung zu bezeichnen, dann ist man schon einen großen Schritt weiter. Denn dann gewinnt das Aufgabengebiet eine ideologische Dimension, aus der die Mitarbeiter zusätzlich wertvolle Informationen beziehen. Und wer gerade das Nötigste tut und seine Aufgabe mit dem minimalen Einsatz an Ressourcen erledigt, der entwickelt auf Dauer auch in der Wirtschaft ein Selbstwertgefühl, das ihm den Eindruck vermitteln wird, einer Spezialeinheit anzugehören.

Minimalzugriff bedeutet deshalb auch und vor allem, dass man keine Rachegefühle zulassen darf. Ich erinnere mich noch mit Grauen an einen Einsatz, bei dem es galt, einen Familienvater zu überwältigen. Er schlug Frau und Kinder, das war bekannt. Unter welchen Umständen die Familie lebte, das wussten wir zuvor nicht. Der Mann war rasch überwältigt. Das Haus glich einer Müllhalde. Der Boden wurde stellenweise schon herausgerissen. Jeder fragte sich dasselbe: Wie kann man hier leben? Dann hörten wir ein Knarren im Obergeschoss. Ich ging hinauf. Es war eiskalt und oben stand ein etwa zehnjähriges Mädchen. Sie zitterte am ganzen Körper und ihre Augen starrten mich ängstlich an. Da läuft ein Film in deinem Kopf ab. Was hat dieses vollkommen unschuldige Kind nicht alles mitgemacht? Freunde wird sie unter diesen Verhältnissen nicht viele gehabt haben. In der Schule höchstwahrscheinlich Leistungsschwäche. Wie kann man in solchen Verhältnissen auch normal aufwachsen? Man hofft darauf, dass sie einen verständnisvollen Lehrer in der Schule hat. Oder hat der sie etwa auch noch zusätzlich seelisch belastet? Wo hat sie Wärme gespürt?

All diese Fragen gehen dir durch den Kopf, während du die angsterfüllten Augen dieses Mädchens siehst. Ein Mädchen, dessen Leben schon in frühen Jahren vollkommen zerstört wurde. Der Vater, der für dieses Chaos hier verantwortlich ist, sitzt unten und redet blöd daher. Du denkst dir: Eine Minute mit dem Kerl allein in einem Zimmer … Du fragst dich, warum du ihn nicht verprügelst. Du könntest es dir vorstellen. Aber du tust es nicht. Weil du es nicht tun darfst. Weil du ihn unter Wahrung seiner Rechte abführen und alles andere dem Staatsanwalt überlassen wirst. Das sind diese Momente, wo selbst hartgesottene Cobra-Männer im Anschluss an den Auftrag noch stundenlang sitzen bleiben und mit ihren Tränen kämpfen. Aber die Aufgabe heißt Festnahme. Nicht Rache nehmen. Das Prinzip des Minimalzugriffs hat sehr viel mit Selbstbeherrschung zu tun. Und Ihre Selbstbeherrschung hilft Ihnen, nicht abzugleiten und selbst Mensch zu bleiben.

Übung macht den Meister

Ohne tägliche Praxis ist es unmöglich, den Tag X zu meistern. In der Wirtschaft bedeutet das den Aufbau von Kompetenz. Erfolg und Scheitern eines Unternehmens stehen mit ihr in unmittelbarem Zusammenhang. Wir definieren Kompetenz folgendermaßen:

Kompetenz ist jede persönliche Eigenschaft oder Fähigkeit, die nachweislich direkte Auswirkungen auf eine effektive oder herausfordernde Arbeitsleistung hat. Welche Kompetenzen bei Ihren Mitarbeitern also ausgeprägt sein sollen, ist klar vorgegeben. Bei der Cobra unterscheiden wir drei Kern-Kompetenzen. Und zwar die physische Kompetenz, die analytische Kompetenz und die soziale Kompetenz. Wer in diesen Teilbereichen gut geschult ist, der wird in Extremsituationen keine Schwierigkeiten haben, nutzbare Handlungsalternativen zu entwickeln. Mit diesen wird auf die Selbständigkeit Ihrer Mitarbeiter hingewiesen. Die Handlungsalternativen sollten direkt an jenem Ort entwickelt werden, wo das Problem aktuell entstanden ist. Das ist einer der heikelsten Punkte im Cobra-Prinzip: Denn als Führungskraft muss man selbst und nach bestem Gewissen entscheiden, welche Mitarbeiter in der Lage sind, in Extremfällen Verantwortung zu übernehmen. Das sind allerdings auch immer jene Fälle, die im Nachhinein theatralisch wirken.

Ein Beispiel aus dem Sport: Zum Führungsspieler der deutschen Nationalmannschaft wurde Paul Breitner erst, nachdem er im WM-Finale 1974 eigenmächtig den Elfmeter ausgeführt hatte. Er war dafür nicht vorgesehen. Aber er tat es – und er machte seine Sache gut. Franz Beckenbauer, zu diesem Zeitpunkt der verlängerte Arm des Team-Chefs Helmut Schön, ließ ihn gewähren. Er hätte als Team-Kapitän die Möglichkeit gehabt, Breitner an der Ausführung des Elfmeters zu hindern. Das tat er aber nicht, weil er sich selber nicht sicher genug fühlte und Breitner gerade blendend drauf war. Man muss sich gut kennen, wenn man solche Entscheidungen trifft. Und man muss viel gemeinsam üben. Dann reicht ein kurzer Blickkontakt, um zu wissen: Das ist jetzt die richtige Entscheidung.

Physische Kompetenz

Nur wo Körper- und Geistestätigkeit in geordneter, lebendiger Wechselwirkung stehen, ist Leben.

Die physische Kompetenz Ihrer Mitarbeiter bildet den Grundstock für effizientes Arbeiten. „Mens sana in corpore sano – in einem gesunden Körper steckt ein gesunder Geist." Dieser Spruch ist alt, aber gut. Es wird nur eine Frage der Zeit sein, bis der amerikanische Trend, dass große Firmen monatlich medizinische Tests vorschreiben, auch hierzulande Einzug hält.

Diese Maßnahme soll keine Schikane sein. Schon gar nicht soll jemand gezwungen werden, täglich ein Fitnessstudio aufzusuchen oder sich mit waghalsigen Abseiltechniken auf seinen Bürosessel zu hieven. Es geht darum, dass die Mitarbeiter frühzeitig erkennen, dass sie auf eine ernsthafte gesundheitliche Bedrohung zusteuern: Physische Kompetenz kann auch im Betrieb gefördert werden, indem man Wert auf ein ausgewogenes Ernährungsangebot legt. Selbst wenn jemand an und für sich gute Fitnessdaten hat. Es gibt Kantinenessen, das den Mitarbeitern den letzten Rest gibt. Man sollte den Team-Mitgliedern etwa auch die Zeit gewähren, sich gemeinsam zu einem gemütlichen Mittagessen zusammenzusetzen.

In Frankreich gibt es bereits Firmen, die ihren Mitarbeitern Sauna, Whirl-Pool und Ruheraum an ihrem Arbeitsplatz anbieten. Dort wurde die Erfahrung gemacht, dass die Kreativität sprunghaft anstieg, dafür aber die Zahl der Krankenstände dramatisch sank. Was nicht weiter wundert, wenn man schon gratis ein gediegenes Wellness-Angebot nutzen kann. Zugegeben: Das ist ein kaum realisierbares Extrem. Aber die Richtung stimmt auf jeden Fall. Denn ein Mitarbeiter verbringt in der Regel mindestens ein Drittel seines Lebens an seinem Arbeitsplatz. Strahlt dieser keine Behaglichkeit aus, dann wird der Angestellte unweigerlich krank.

Natürlich sollte es grundsätzlich jedem Mitarbeiter selbst überlassen sein, wie er mit seinem Körper umgeht. Es kann aber nicht sein, dass Mitarbeiter nach vier Stunden schon erste Ausfallerscheinungen zeigen. Die

Folgen sind klar: Sie betreffen die Bereiche Krankenstand und Motivation. Sie schädigen also zuerst die Lebensqualität der Mitarbeiter, in weiterer Folge treffen die Ausfälle natürlich die Firma.

Analytische Kompetenz

Sie ermöglicht auch in Extremsituationen die Entwicklung nutzbarer Handlungsalternativen. Eine Kompetenz, die vor allem auf dem Vertrauen in Ihre Mitarbeiter basiert. Allzu gerne wird im beruflichen Alltag davon ausgegangen, dass ohnehin alles nach Plan laufen müsse. Man muss nicht gleich paranoid sein, wenn man sich vergegenwärtigt, dass der Gegner jeden Tag und überall auftauchen kann. Leben Sie ruhig in der Gewissheit, dass die Umwelt im Großen und Ganzen böse ist. Um auf unerwartete negative Veränderungen rechtzeitig reagieren zu können, muss man den Berufsalltag einer permanenten Analyse unterziehen. Tauchen unerwartete Probleme auf, dann sind das meistens Fälle, die nicht zentral gelöst werden können. Dann sind die Leute gefordert, die unmittelbar vor Ort sind.

Deshalb ist es nötig, dass Sie mit Ihren Mitarbeitern ein Konzept erstellen, in dem Sie Ihren Leuten Handlungsfreiheit einräumen. Keine Frage: Bei diesen Mitarbeitern muss es sich um Personen handeln, die Ihr ganzes Vertrauen genießen. Diese Mitarbeiter sollten im Idealfall über ein breites Allgemeinwissen verfügen. Damit ist nicht nur die Fähigkeit gemeint, den eigenen Betrieb voll und ganz zu verstehen. Diese Mitarbeiter sollen auch im Sinne eines eloquenten Gesprächspartners nach außen hin repräsentieren können. Daraus ergibt sich für alle Beteiligten ein großer Vorteil. Sobald ein Mitarbeiter von Ihnen mit einer Fülle von Vollmachten ausgestattet wird, trainieren diese Mitarbeiter ihr Hirn freiwillig und selbständig. Es ist Teil ihres Berufs geworden, Verantwortung zu übernehmen.

Dieser Nebenaspekt ist für eine Führungskraft von großer Bedeutung: Denn ein Chef, der es lernt, auf ausgewählte Mitarbeiter zu vertrauen und Kompetenzen abgibt, gewinnt dadurch wertvolle Freiräume für zusätzliche strategische Überlegungen. Durch das Erledigen der taktischen Ziele durch Ihre Mitarbeiter werden diese darüber hinaus in besonderem Maße zu qualifizierten Fachkräften, sind besser motiviert und entwickeln eine besondere Qualität, indem sie sich täglich mit ihrem Unternehmen identifizieren.

Soziale Kompetenz

Unlauteres Verhalten spaltet jedes konstruktive Miteinander!

Die soziale Kompetenz innerhalb eines Unternehmens ist eine bis heute weitgehend sträflich vernachlässigte Komponente. Oft wird Privatwirtschaft mit Kapitalismus verwechselt. Aber auch und gerade in einem Unternehmen sollten Sie den Grundsatz beherzigen: „Um Erfolg zu haben, muss man die Menschen mögen."

Sie verkaufen Ihre Produkte ja auch an keine Außerirdischen. Von der Herstellung bis zum Verkauf sichert humanes Auftreten eine sympathische Außenwirkung, die nicht selten das Zünglein an der Waage des Erfolgs ist. Fehler passieren überall. Wer es aber nicht schafft, die Fehler mit menschlicher Wärme, mit Einfühlungsvermögen und offen gezeigter Zuneigung glatt zu bügeln, der wird als Geschäftsmann scheitern.

Ein wichtiger Aspekt der sozialen Kompetenz ist das Problem des Denunzierens oder Mobbings. Wer als Führungskraft zulässt, dass einzelne Mitarbeiter ihre Kollegen an den Pranger stellen, der stellt die Weichen für den Untergang. Denunzieren vergiftet die Atmosphäre. Die Gefahr, die darin liegt, kann leicht ausgeräumt werden, indem man seinen Mitarbeitern einen ganz einfachen Satz mit auf den Weg gibt: „Vergesst nie, dass wir schon morgen Rücken an Rücken stehen können. Dann ist hundertprozentiger Zusammenhalt gefragt."

Sind die zwischenmenschlichen Beziehungen innerhalb einer Firma erst einmal vergiftet, dann lauert der größte Feind nicht außerhalb. Dann hat er sich schon in den eigenen vier Wänden eingenistet. Ein von Misstrauen zerfressenes Team besitzt keine Schlagkraft. Es fällt zusammen, sobald das erste kleine Problem auftaucht.

Wir wissen intuitiv, dass Denunzieren eine verabscheuungswürdige Charaktereigenschaft ist. Wir lassen es ja auch bei unseren Kindern nicht zu. Im Berufsleben siegt dagegen häufig die Neugier über die Vernunft. Nach dem Motto: „Jetzt bin ich aber neugierig, was Herr X bei Herrn Y gefunden hat." Machen Sie Ihren Mitarbeitern klar, dass Sie natürlich an Problemen innerhalb Ihrer Firma interessiert sind. Aber Fakt ist auch: Man liebt höchstens den Verrat – niemals den Verräter. Die Botschaft muss klar sein: Wer denunziert, der tut sich selbst damit keinen Gefallen, weil er an Sympathie einbüßt. Wenn Probleme auftauchen, dann sind diese direkt anzusprechen. Aber nur, wenn alle Beteiligten an einem Tisch sitzen und jeder die Chance hat, sich zu verteidigen und somit einer unkontrollierten Verbreitung von möglichen Falschaussagen entgegen wirken kann. Die Probleme sollen dabei immer innerhalb der Gruppe gelöst werden. Hinter dem Rücken Geflüstertes zerstört jede intakte Struktur. Gerüchten muss entgegengewirkt werden. Es kann aber auch nicht sein, dass wegen jeder Meinungsverschiedenheit der Chef als Schiedsrichter angerufen wird. Der unmittelbare Vorgesetzte muss für diese Funktion ein vertrauensvoller Ansprechpartner sein.

Die einzige Ausnahme: Wenn es sich tatsächlich um ein schweres Vergehen eines Mitarbeiters handelt. Oder wenn es um ein schwer wiegendes persönliches Anliegen eines Mitarbeiters geht. Für diese Fälle ist es wichtig, Signale auszusenden, die es dem Mitarbeiter erleichtern, eine Aussprache zu suchen.

Ein weiterer wichtiger Grundsatz: Abwesende müssen bei Anschuldigungen immer verteidigt werden. Loyalität ist ein Grundpfeiler einer gedeihlichen Zusammenarbeit. Es gibt Menschen, die fürchten sich davor Urlaub zu nehmen, weil ihre Antennen feinfühlig genug sind, um zu erkennen, dass in dieser Zeit Intrigen gesponnen werden. Hier muss den Anfängen gewehrt werden. Ist so ein Mechanismus erst einmal aktiviert, dann gibt es kein Halten mehr.

„Führen ist spüren." Eine Führungsstruktur hat immer mit Gefühl zu tun. Mit Gefühl für die Mitarbeiter und Einfühlungsvermögen. Man merkt Menschen ihre Stimmungen an. Gehen Sie daran nicht vorbei. Oft genügt ein aufmunternder Satz, so dass der Mitarbeiter weiß: „Wenigstens vom Chef droht mir jetzt gerade keine Gefahr." Fahren Sie Ihre Antennen aus und gehen Sie nicht an Ungereimtheiten vorbei.

Ein Beispiel aus der Cobra: Ich hatte einen bestens ausgebildeten Mitarbeiter, der sich für Einsätze als bewaffneter Flugbegleiter bewarb. Ich konnte ihn nicht einsetzen. Er war perfekt. Was ihn aber für den Job nicht qualifizierte, war sein markantes Äußeres. Wäre er in ein Flugzeug gestiegen, dann wäre er garantiert von allen Passagieren angestarrt worden, was keine gute Voraussetzung für die Arbeit als anonymer Flugbegleiter ist. Kurz: Ich lehnte seine erste Bewerbung ab. Er bewarb sich aber wieder. Aufgrund der Qualifikation seiner Mitbewerber hätte er sich diesmal sicher sein können, dass er genommen werden musste. Ich lehnte ihn wieder ab. Er wurde nach außen hin immer verzweifelter, wirkte gedemütigt und gekränkt. Das war der spätest mögliche Zeitpunkt, an dem ich auf ihn zugehen musste. Ich bat ihn zu einem Vieraugengespräch, um ihm meine Beweggründe darzulegen. Er schaute mich dankbar an und sagte nur: „Ich hab's eh gewusst, Chef. Aber ich wollte es nur aus Ihrem Mund hören. Danke schön."

Was lernen wir daraus? Es gibt Entscheidungen, die fallen hart aus. Man ärgert sich selbst, solche Entscheidungen treffen zu müssen. Das aber sind genau die Entscheidungen, die sofort gefällt werden müssen. Hier geht es folglich in erster Linie um Klarstellungen. Um das Ausräumen von selbstzerstörerischen Gedanken. Jeder Mitarbeiter wünscht sich nichts sehnlicher als Klarheit. Menschen ertragen aufrichtig vorgetragene Kritik viel besser, als es unsere höfliche Erziehung vermuten lässt.

Stellen Sie Ihren Handlungen folgenden Leitsatz zugrunde: Die Wahrheit ist dem Menschen zumutbar. Es ist nur wichtig, negative Entscheidungen und Beurteilungen einfühlsam mitzuteilen. Entscheidungsschwäche aber führt in der Folge zu Kopfschmerzen bei allen Beteiligten. Sprechen Sie mit Ihren Mitarbeitern, ohne sich hinter verharmlosenden Floskeln zu verstecken. Das wird als Zeichen der Schwäche ausgelegt.

In der Regel können Mitarbeiter ihre Leistungen sehr gut einschätzen. Wenn jemand seine Leistung nicht erbringen kann, dann nützt es nichts, wenn Sie um den heißen Brei herumreden. Löffeln Sie ihn so schnell es geht gemeinsam mit Ihrem Mitarbeiter aus. Es ist besser, sich einmal die Zunge zu verbrennen, als daran zu ersticken.Wenn eine Führungskraft versucht, soziale Kompetenzen zu leben, dann wird die Summe aller seiner Entscheidungen automatisch zu einem Minimalzugriff.

Befolgen Sie dabei folgende goldene Regel: Teilen Sie das Negative immer zuerst mit und entlassen Sie Ihren Mitarbeiter mit einer Möglichkeit auf Besserung aus dem Gespräch. Beispiel: „Ihre Leistungen entsprechen nicht dem Limit. Korrigieren Sie das bis …“ Es ist wichtig, dem Mitarbeiter Zeit zum Handeln zu gewähren. Ihre Forderungen und Entscheidungen müssen dabei immer transparent und kalkulierbar sein. Das hält die Motivation aufrecht. Reichern Sie Gespräche wie diese auch mit Fragen nach der persönlichen Befindlichkeit Ihres Gegenübers an und beweisen Sie in jeder Situation Handschlagqualität.

Ein gutes Beispiel, wie es *nicht* gemacht werden soll, liefert die Politik. Sinkende Wahlbeteiligungen und steigendes Desinteresse der Jugendlichen sind Ausdruck einer orientierungslosen Haltung vieler Politiker. Dieser Beruf ist gewiss hart und verdient Respekt. Aber heute hat die Politik die Weisheit gepachtet, geht auf die Wähler nicht mehr zu und wenn, dann mit wechselnden Ansichten an wechselnden Orten. Die Wähler haben das Gefühl, dass sich die Politiker hinter ihren hohlen Phrasen verstecken, um den vollständigen Verlust ihrer Handschlagqualität zu kaschieren. Kaum ein Politiker strahlt noch dieses Gefühl aus, ein Angebot für eine bestimmte Position zu sein. Bevor die Wahlbeteiligung in den Keller sinkt, täte hier eine intensive Auseinandersetzung in Sachen sozialer Kompetenz gut.

3

Die zehn Grundsätze des Cobra-Prinzips

Diese Grundsätze sind das Produkt einer langjährigen Erfahrung in der Verbrechensbekämpfung. Sie haben sich im Training ebenso gültig erwiesen wie im Ernstfall. Manches wird Ihnen vielleicht etwas harsch erscheinen. Bedenken Sie dabei aber, dass davon ausgegangen wird, dass Ihnen bestens ausgebildete Mitarbeiter zur Verfügung stehen. Mitarbeiter, die physisch, analytisch und sozial kompetent sind.

Die Idee, diese Grundsätze für die Privatwirtschaft kompatibel zu machen, kam mir, während ich Pläne für die Zusammenlegung von Gendarmerie und Polizei zu erstellen hatte. Spezielles taktisches Wissen, so wurde mir schnell klar, darf innerhalb der Exekutive nicht nur bei den Sondereinheiten gehortet werden, sondern muss im Rahmen eines offenen, dialogischen Know-How-Transfers weitervermittelt werden.

Dabei habe ich zunächst großen Wert darauf gelegt, richtiges taktisches Einschreiten zum Zweck der Eigensicherung und der Vermeidung der Gefährdung Unbeteiligter zu schulen. Qualitätsmanagement, die Weiterentwicklung der Ausbildungsinhalte und Einsatzabläufe sowie die Verbindung von taktischem Grundverhalten mit situationsangepasstem Handeln sind eine tägliche Herausforderung. Nicht nur in der Exekutive, sondern auch in der Wirtschaft sieht man sich täglich mit solchen Herausforderungen konfrontiert.

Es gibt eine Reihe von Parallelen: Innerhalb eines schlagkräftigen Teams sollten gemäßigte Charaktere das Ziel vorgeben. Hier ist kein Platz für Rambos oder so genannte Fachidioten. Zu den Gewinnern gehört in der Verbrechensbekämpfung wie in der Wirtschaft nur der, der es schafft, ganzheitlich zu denken, Eitelkeiten auszuklammern, besonnen zu reagieren und derjenige, der den Willen hat, Taktiken immer wieder zu üben – bis im Ernstfall nichts mehr dem Zufall überlassen bleibt.

Klare Zieldefinition

Jede Unternehmung braucht einfache, klare und sie zusammenhaltende Ziele. Diese müssen klar, leicht verständlich und herausfordernd sein, um eine gemeinsame Vision zu begründen. Zugegeben: Das ist leichter gesagt, als getan. Denn gerade an dieser so einfach anmutenden Forderung zerbrechen viele Vorhaben schon, bevor sie überhaupt begonnen haben. Wenn das Ziel nicht eindeutig und klar formuliert wurde, ist ein Unternehmen zum Scheitern verurteilt.

Die Führung muss die Mitarbeiter dazu bringen, dass die ausgegebenen Ziele auch umgesetzt werden. Ein großes Problem dabei ist: Die Ziele werden häufig zu komplex formuliert. Dadurch entstehen gravierende Verständnisprobleme. Auch hier muss immer zwischen strategischen und taktischen Zielen unterschieden werden. Im Idealfall wissen Ihre Mitarbeiter über Ihre strategischen Ziele Bescheid. Das gibt Ihnen die Gelegenheit, höhere Überlegungen bei der Erledigung Ihrer taktischen Ziele mit einfließen zu lassen.

Ihre Leute benötigen dazu einen Bewegungsspielraum. Dafür muss ein genau abgesteckter Rahmen gewährt werden. Bei der Cobra besteht die Kunst darin, ein strategisches Ziel so zu formulieren, dass es zu keinem Verständnisproblem kommen kann. Dabei wird genau festgelegt, wie viel Zeit das Erreichen eines Ziels in Anspruch nehmen darf. Beachten Sie dabei die genaue Definition von Quantität und Qualität in Ihren Zielvorgaben. Das Ziel muss begreifbar sein. Man kann als strategisches Ziel nicht die Parole ausgeben: „Wir werden die Nummer 1." Wo sollen wir die Nummer 1 werden? Beim Umsatz? Beim Gewinn? Bei der personellen Größe? Bei der Betriebsfußballmeisterschaft? Legen Sie sich ganz genau fest und beschreiben Sie den Weg dorthin. Dann haben Ihre Mitarbeiter eine Orientierung: „Männer. Dahin geht es."

Unterhalb der strategischen Ebene ist darauf zu achten, dass die taktischen Ziele immer erreichbar bleiben müssen. Auf den ersten Blick ist das ein Gegensatz zum Leistungsprinzip. Was aber falsch ist. Denn bei der Umsetzung von einfachen taktischen Zielen wird lediglich ein Trick angewandt, der es in der Praxis erleichtert, große Ziele zu erreichen. Wenn

Sie nun ein taktisches Ziel erledigen lassen möchten, das nur unter großer Kraftanstrengung in die Tat umzusetzen ist, dann empfiehlt es sich, einzelne, leichter erreichbare Unterziele einzubauen.

Machen Sie aus einem schwierigen Ziel mehrere leichte Ziele! Um das zu versinnbildlichen: Geben Sie einem Mitarbeiter nicht den Auftrag, mit dem Auto von Wien nach München zu fahren. Sagen Sie ihm zuerst, er soll nach Linz fahren. Dort kann er ja eine Kaffeepause machen. Dann können Sie ihn weiter nach Passau schicken – meinetwegen auf eine Leberkässemmel. Und dann erst soll er sich auf den Weg nach München machen. Dann gibt's aber Weißwürste und ein Weißbier als Belohnung.

Was sich simpel anhört, ist in der Praxis leider eine oft vergessene Tugend. Wir befinden uns alle in Hochgeschwindigkeitsprozessen und dementsprechend hektisch werden die Ziele heutzutage formuliert. Es ist nur eine Frage der Zeit, bis eine Strategie auf diese Art und Weise ins Schleudern kommt. Die größten Fehler bei einer Zieldefinition sind heute die Komplexität der Formulierung und die daraus resultierenden Überforderungen. Ein Mitarbeiter, der eine Weisung nicht versteht, wird ebenso darunter stöhnen wie einer, der sich überfordert fühlt. Beides ist schlecht für die Motivation. Und wenn Sie Ihr Ziel nur erreichen, indem Sie „verbrannte Erde" hinterlassen, dann ist auch ein erfülltes Ziel schlussendlich eine Niederlage auf dem Weg der Umsetzung einer übergeordneten Strategie.

Einfachheit der Abläufe

Alles sollte so einfach wie möglich gemacht werden – aber nicht einfacher!

Wie teilen Sie nun Ihre Ziele am besten mit? Bei der Cobra gibt es diesbezüglich eine Grundregel. Sie lautet: Teilen Sie Ihren Mitarbeitern Ihre Ziel mit einfachen Worten mit. Und zwar so einfach, dass Sie sicher gehen können, dass auch ein Dreizehnjähriger keine Probleme hat, diese Anweisungen zu verstehen. Das soll keine Beleidigung sein. Jede Führungskraft hat sich – bevor sie eine Anweisung erteilt – schon wochenlang damit befasst. Das Grundwissen ist deshalb bei der Führungskraft enorm. Wer in einem bestimmten Spezialgebiet sehr viel Wissen anhäuft, der hat Probleme, den Wissensstand seiner Mitarbeiter sachlich einzuschätzen.

Ohne sich großartig Gedanken zu machen, wird da oft dahinfabuliert, dass es nur so eine Freude ist. Im Hinterkopf der Gedanke: „Das wird er sicher schon wissen. Da kennt er sich sicher schon aus." Was meistens nicht zutrifft. Denn gerade der saloppe Vortrag des Chefs macht dem Mitarbeiter Angst, wenn er gerade nur „Bahnhof" versteht. Und da reicht oft schon eine klitzekleine fehlende Information, um allgemein nichts zu verstehen. Nach dieser traut sich der Mitarbeiter aber auf einmal nicht mehr zu fragen. Denn sonst könnte der Chef glauben, er habe wirklich von nichts eine Ahnung.

Dadurch werden in der Praxis die Missverständnisse vorprogrammiert. Vermeiden Sie also komplizierte Anweisungen. Selbst wenn Ihr Mitarbeiter diesen Sätzen folgen kann, würde er Sie wohl nur als Wichtigtuer empfinden.

Bei der Formulierung sollen auf keinen Fall mehr als drei taktische Ziele innerhalb eines Auftrages gegeben werden. Jedes weitere Ziel würde den Auftrag zu komplex gestalten. Dabei gilt auch hier: Je komplexer sich das Problem darstellt, umso einfacher sollte die Gestaltung der Ziele sein. Das sind Erfahrungswerte bei bestens ausgebildeten Team-Mitgliedern. Von diesen Werten ist also auch bei Top-Mitarbeitern auszugehen.

Die Zauberformel heißt KISS: Diese freundliche Abkürzung steht für „keep it small and simple“ – „halte es klein und einfach“. Mit anderen Worten: Beginnt die Situation verzwickt zu werden, dann gehen Sie zur Sicherheit besser alte, bereits bekannte Wege und vermeiden Sie risikoreiche, neue Varianten der Problemlösung.

Ein gutes Beispiel aus der Praxis der Cobra bildet hier das Abseilen. Zu diesem Zweck verwenden wir den so genannten „Abseil-Achter“. Das sind zwei Ringe, durch die das Seil zu laufen hat. Es gibt schon eine Reihe von Weiterentwicklungen. Wie etwa den so genannten „Zwicker“. Das „Drücken“ entspricht hier dem „Fahren“. Keine schlechte Sache: Aber wehe, man fädelt in der Hektik auch nur einmal falsch ein. Das kann bei dem vorsintflutlich anmutenden System eines „Abseil-Achters“ nicht passieren. Aus Sicherheitsgründen ist das einfache System unbedingt vorzuziehen. Alles sollte so einfach wie möglich gemacht werden.

Handlungsfreiheit und Handlungsalternativen

Geben Sie neuen Denkweisen ein festes Zuhause. Dieser Punkt scheint in einem vermeintlichen Widerspruch zum Punkt „Einfachheit der Abläufe“ zu stehen. Die Einfachheit der Abläufe soll Ihre Mitarbeiter nur daran erinnern, dass im Ernstfall alte und bekannte Wege beschritten werden sollen. Mit Handlungsfreiheit und Handlungsalternativen ist wiederum nicht gemeint, die Dinge zu verkomplizieren. Vielmehr soll ein Mitarbeiter wissen, dass er in die Verantwortung genommen werden kann, wenn er nicht fähig ist, unerwartete Hindernisse selbständig zu überwinden.

Ihre Aufgabe ist es nun, der Flexibilität Ihrer Mitarbeiter ein festes Zuhause zu geben. In einem klar abgesteckten Rahmen muss er sich frei bewegen können. Man kann ihn auf ein Ziel ansetzen, aber wann der Zugriff erfolgen soll, das muss er in der Regel selbst erkennen können. Ständige Absprachen untereinander verlangsamen dynamische Prozesse bis zum Stillstand. Während Sie noch mit Ihrem Mitarbeiter das Für und Wider einer Situation abklären, kann Ihr Ziel schon in unerreichbare Ferne gerückt sein. Solche Situationen entstehen wiederum nur in Führungsstrukturen, in denen der Chef dem Mitarbeiter nicht zutraut, Verantwortung zu übernehmen. Dabei sind die Mitarbeiter vor Ort im Endeffekt ohnehin verantwortlich für ein Gelingen oder Scheitern beim Erreichen eines Ziels. Nur wissen sie es meistens nicht.

Weisen Sie Ihre Mitarbeiter darauf hin, dass die Abwicklung eines Unternehmens in ihrem Teilbereich auch mit ihrer Verantwortung verbunden ist. Er darf und kann sich nicht hinter einem Vorgesetzten verstecken, sobald es ernst wird. Nur wenn Ihr Mitarbeiter weiß, dass der Zugriff letztendlich innerhalb seines Verantwortungsbereiches erfolgen muss, wird er bis zuletzt mit voller Konzentration an der Realisierung des Vorhabens arbeiten.

Die Beweglichkeit der Organisation

Dieser Punkt lehnt sich ganz eng an die Handlungsfreiheit Ihrer Mitarbeiter an. Der Forderung nach einer möglichst großen Beweglichkeit der Natur liegt eine ganz einfache Rechnung aus der Natur zugrunde. Man kann so viel auf Gott vertrauen, wie man will. Aber eine Spezies überlebt nur dann, wenn ihre Lerngeschwindigkeit größer oder zumindest gleich groß ist wie die Änderungsgeschwindigkeit der Umwelt.

Man ist in der Wirtschaft nicht mit starren Verhaltensmustern konfrontiert. Deshalb muss man seine Umwelt permanent beobachten. Die Beobachtung der Umwelt verlangt keine Spionagesatelliten oder ein Geheimdienstnetz. Es geht nur darum, dass man die Fülle an Informationen, die täglich gewonnen werden, nicht nutzlos an sich vorüberziehen lässt. In der Wirtschaft fühlen sich viel zu viele Führungskräfte als toller Hecht, als räuberischer Hai oder besonders schlauer Fuchs. Hauptsache, man präsentiert eine Organisation, die an einen Jäger erinnert.

In der Wirtschaft ist der Jäger aber nur überlebensfähig, wenn er einen braven und gewissenhaften Sammler an seiner Seite hat. Denn Sammler leisten die Basisarbeit für ausgedehnte Fischzüge. Sie erfassen die Rahmenbedingungen für ihre Branche ganz genau und liefern dem Jäger eine zum Überleben notwendige Beschreibung seines Arbeitsfeldes. Die Sammler sind es, die für die Beweglichkeit der Organisation sorgen.

Um die Beweglichkeit der Organisation nun intakt zu halten, führt die Cobra etwa das bereits erwähnte Einsatztagebuch. Ein Beispiel: Bei der Geiselnahme im Gefängnis Graz-Karlau flossen bis zum Zugriff durch die Cobra insgesamt 1237 Informationen in das Einsatztagebuch. Diese Informationen wurden innerhalb von elf Stunden gesammelt. Durch das ständig wechselnde Szenario musste die Einsatzorganisation fünfmal geändert werden.

Es ist auch wichtig, dass Sie den Job desjenigen, der die Informationen zuträgt, dementsprechend verantwortungsvoll definieren. Diese Mitarbeiter sind keine bloßen Wasserträger. Ihr Beitrag führt zu grundlegenden Veränderungen in der Struktur. Mit jeder Änderung der Einsatzorganisation geht eine Änderung der personellen Zusammensetzung der Zugriff-Truppe einher. Ebenso der geplante Ablauf des Zugriffs. Das ist für Ihr Team auch eine Geduldfrage. Das zehrt an den Nerven aller Beteiligten. Aber alles andere wäre nun mal das Prinzip Hoffnung und dieses ist zu wenig, um ein Unternehmen effizient auf die Beine zu stellen.

Eigentlich ist der Grundsatz der Beweglichkeit der Organisation auch nichts anderes, als dass man jederzeit in der Lage ist, ein vielfältiges Angebot zu haben. In seinem Bauchladen muss man nun mal mehr Dinge mit sich herumführen als ein einziges Angebot. Wenn ein Friseur etwa sagt, er schneidet nur Seitenscheitel, dann wird er irgendwann keine Kunden mehr haben.

Wenn es Ihnen gelingt, Ihre Organisation flexibel zu gestalten, dann fallen bei einer Problemlösung auch immer mehrere Vorschläge an, die an und für sich schon sehr gut entwickelt sind, die sich vielleicht aber nicht für die Lösung des speziellen Problems eignen. Tragen Sie deshalb auch Sorge dafür, dass kurzfristig verworfene Lösungsvorschläge nicht vergessen werden. Werfen Sie diese Denkarbeit nicht weg, nur weil Sie gerade ein übergeordnetes Ziel verfolgen. Das Zauberwort lautet Sammeln – und zwar das Sammeln von Informationen und daraus resultierenden Überlegungen. Das ist ein unschätzbares Kapital, das oft wenig später schon den großen Wettbewerbsvorteil ausmachen kann.

Steuerung von Stimmungen

Führen ist vor allem das Vermeiden von Demotivation. Hier sind Sie als Führungsperson als Psychologe und Menschenfreund gefragt. Die gezielte Steuerung von Stimmungen ist eine Weiterführung der bereits erwähnten sozialen Kompetenz. Man *soll* nicht – man *muss* Interesse an den Stimmungen der Mitarbeiter haben und dieses Interesse muss auch gezeigt werden.

Erstaunlicherweise gibt es in der Wirtschaft zwei Situationen, in denen sich die Chefs selten bei ihren Mitarbeitern sehen lassen. Das ist einmal dann, wenn gerade ein fast schon irrsinniger Aufschwung da ist oder wenn sich die Firma in einer schwierigen Lage befindet. Dann wird immer alles auf das herrschende System zurückgeführt. Man neigt allzu leicht dazu, diese Situation in wenigen Worten als technische Prozesse abzuwiegeln. Aber gerade in diesen Situationen passiert etwas mit den Mitarbeitern. Sie sehen sich in einer außergewöhnlichen Lage alleine gelassen. Gerade wenn der Sturm kommt, muss der Kapitän zu sehen sein. Er muss den Kurs angeben. Vor allem aber hat er die Pflicht, seinen Mitarbeitern zu signalisieren: „Egal was kommt – ich bin dabei. Ich bin bei euch. Und wir ziehen das gemeinsam durch."

Die üblichen Floskeln wie: „Es wird schon alles wieder gut werden" oder so ähnlich sind vertane Liebesmüh. Genauso gut könnten Sie Ihren Mitarbeitern zurufen: „Macht euch keine Sorgen. Wir müssen nur ein paar Mitarbeiter über Bord werfen, damit das Boot wieder leichter wird. Welche das sein werden, das kann ich euch leider gerade nicht sagen. Aber es kann jeden treffen." Es gibt bessere Ansprachen, um eine Mannschaft zu motivieren und das Schiff durch eine stürmische Zeit zu manövrieren.

Gerade was die Steuerung von Stimmungen betrifft, haben sich in der Wirtschaft schon viele Systeme automatisiert. Ein gutes Beispiel ist das Mitarbeitergespräch. Auch anonyme Beurteilungen von Führungspersonen durch die Mitarbeiter setzen sich immer mehr durch. All das ist begrüßenswert, hat aber mittlerweile auch schon den Geruch, dass es eben gemacht wird, weil es „von oben" befohlen wird. Und „Die da oben", so lautet ein weit verbreitetes Vorurteil, „werden es sich ohnehin wieder so richten, wie sie wollen …"

Rituale sind dazu verurteilt, irgendwann abzustumpfen. Es liegt einzig und allein in der Hand der Führungsperson, wertvollen Ideen wie jener des Mitarbeitergesprächs immer wieder neues Leben einzuhauchen. Es genügt schon, wenn man täglich versucht, mit seinen Leuten zu reden. Es ist viel zu wenig, wenn man sich am Schluss des Jahres mit seinem Mitarbeiter zusammensetzt und schaut, was aus den Zielen geworden ist. Nutzen Sie dieses Ritual auch zwischendurch. Fragen Sie Ihren Mitarbeiter, wie es ihm bei der Umsetzung geht. Vor allem aber fragen Sie danach, ob die Ziele nach Einschätzung des Mitarbeiters überhaupt noch die richtigen sind. Hat sich im Laufe der Wochen etwas verändert? Müssen wir eine neue Strategie erstellen? All das sind Aufgaben, die im ausdrücklichen Verantwortungsbereich des Chefs liegen.

Die Steuerung von Stimmungen kann die beste Versicherung für eine funktionierende Firma sein. Hier liegt die eigentliche Führungsqualität – die Basis eines gedeihlichen Miteinanders: *Haben* Sie nicht nur Interesse – *zeigen* Sie es!

Klare Informationsstruktur

Gewinnen Sie Vertrauen. Jetzt werden Sie sagen: „Ja, wenn's denn so einfach wäre." Im Speziellen – und jetzt muss jede Führungskraft zusammenzucken – geht es darum, was Mitarbeiter spüren. Seit die Plebejer im „Alten Rom" den Patriziern vorgeführt haben, dass es ohne eine gut organisierte, wertschaffende Masse nicht geht, haben Unternehmer Angst vor den Arbeitern. Im Laufe der Jahrhunderte hat sich daraus eine Art Volkssport entwickelt. Ein wichtiger Bestandteil des Cobra-Prinzips ist es, dass dieses Spannungsfeld erst gar nicht entstehen kann. Und das hat viel mit Fingerspitzengefühl, nennen wir es ruhig *Diplomatie*, zu tun.

Dieses Spannungsfeld wird nur dann erzeugt, wenn Misstrauen besteht, wenn die Führungskräfte glauben, ihre Mitarbeiter sind nur auf ihren eigenen Vorteil aus und sind nicht bereit, Opfer zu bringen. Andererseits hat gerade der Kapitalismus auch oft gezeigt, dass Führungskräfte ihre Mitarbeiter bis an den Rand der Sklaverei ausgebeutet haben. Diese Grundangst der Beschäftigten wirkt noch heute nach. Der Mittelweg, der gefunden werden muss, um ein schlagkräftiges Unternehmen zu formen, in dem sowohl Führungskräfte als auch Mitarbeiter eine Einheit bilden, kann nur von den Führungskräften eingeschlagen werden. Lernen wir ruhig etwas vom Fußball. Auch hier ist der zwar oft kritisierte Trainerwechsel die letzte Möglichkeit, den Schlitten wieder flottzumachen. Wer kann es sich schon leisten, eine Mannschaft auszuwechseln? Die klare Informationsstruktur ist also nichts anderes als Eigenschutz. Denn eine Führungsstruktur, die in diesem Punkt versagt, wird unweigerlich ihren Job verlieren.

Grundsätzlich gilt: Mitarbeiter sind beweglich. Es geht ihnen nur darum, dass die Beweggründe ehrlich und transparent dargelegt werden. Alleine in Deutschland wurden in den Sommermonaten 2004 quer durch alle Sparten hindurch bereitwillig heilige Kühe geschlachtet. Die Beschäftigten des Thyssen-Krupp-Werks in Schwerte verzichteten etwa auf Teile ihres Urlaubsgeldes und leisteten sogar noch mehrere hundert Arbeitsstunden zusätzlich. Bei Continental wurde die Arbeitszeit wieder auf 40 Wochenstunden hinaufgesetzt – ohne Lohnausgleich. Die Liste kann noch lange fortgesetzt werden.

Solche Veränderungen lassen sich nicht von heute auf morgen durchboxen. Sie sind nur im Konsens mit den Mitarbeitern möglich. Und hier auch nur dann, wenn der Sachverhalt mit klaren Worten dargelegt und die Brauchbarkeit der Maßnahmen unter Beweis gestellt wurde. Das Totschläger-Argument: „Ihr verzichtet oder wir entlassen Mitarbeiter“ hat heute ausgedient. Zumindest bei Firmen, die zukunftsorientiert arbeiten.

Eine klare Informationsstruktur ist ein Modell, das von mündigen Mitarbeitern ausgeht. Und davon ist in unseren Breiten unbedingt auszugehen. Mündige Mitarbeiter brauchen keinen Blick in die Buchhaltung zu werfen, um zu wissen, dass etwas schief läuft. Sie spüren es. Und sie spüren es umso stärker, je diffuser die Entscheidungen der Geschäftsleitung werden und je mehr sie sich hinter fadenscheinigen Argumenten versteckt. Zu einer klaren Informationsstruktur zählt das ungeschriebene Gesetz, Informationen an die Mitarbeiter weiterzugeben. Wenn Sie Ihre Mitarbeiter regelmäßig informieren, dann werden auch Ihre Entscheidungen leichter nachvollziehbar. Vorausgesetzt sie sind klar und transparent formuliert.

Verpacken Sie keine versteckten Botschaften in Ihre Ansprachen. Sie werden dann vielleicht zwar als glänzender Redner anerkannt sein, aber Ihnen wird ein Mangel an Aufrichtigkeit vorgeworfen werden. Das kann sich keine Führungskraft leisten.

Man muss seinen Mitarbeitern das Recht zugestehen, in seine Karten blicken zu dürfen. Geheimniskrämerei vergiftet das Arbeitsklima. Schlagkräftige Teams entstehen nur, wenn ein aufrichtiges Verhältnis zwischen den Mitarbeitern besteht. Dazu zählt auch, dass mit Lob und Tadel so ehrlich wie möglich umgegangen wird.

Sie müssen jetzt aber nicht gleich Angst haben, jeden Montag eine blendende Rede zur Lage der Firma halten zu müssen, in deren Sie sämtliche Firmengeheimnisse ausplaudern. Wichtig ist, dass die Informationsstruktur innerhalb eines Teams aufrecht ist.

Bei der Zusammenstellung des Teams sollte im Sinne einer perfekten Informationsstruktur darauf geachtet werden, dass dessen Größe acht Personen nicht übersteigt. Ab acht Personen sollte ein zweites Team gebildet werden. Im Optimalfall jedoch besteht ein Team aus vier bis sechs

Leuten. Jedem Team soll ein „Kicker" vorstehen. So nennen wir diese Leute bei der Cobra. Das ist kein bloßer Befehlsempfänger. Der „Kicker" soll im Sinne der Handlungsfreiheit vor Ort ein verlängerter Arm des Chefs sein – natürlich mit den dementsprechenden Vollmachten ausgestattet. In der Praxis hat der „Kicker" vor Ort die so genannten „W-Fragen" zu stellen: „Wer – Wie – Was – Wann". Auf das „Wo" verzichten wir an dieser Stelle, weil er ja vor Ort ist. Was wird also wie mit den Kräften vor Ort gemacht? Bei einer intakten Informationsstruktur, die mit geeigneten Mitarbeitern besetzt ist, wird die Problemlösung nicht schwer fallen. Die taktischen Ziele erreicht man mit dem „Tun vor Ort".

Das eigentliche Problem sind in so einem Fall erfahrungsgemäß die so genannten „TILDOS": Das sind jene Chefs, die dem Prinzip folgen: „Tue ich's lieber doch selber." Diese Einstellung erstickt eine klare Informationsstruktur im Keim, demotiviert das Team und verhindert jegliche zukünftige Eigeninitiative.

Klare und transparente Entscheidungen

Hier ist Klarheit in den Worten und Brauchbarkeit in den Sachen gefragt. Nichts ist in einem Unternehmen so wichtig wie die Entscheidung. Es gibt gute Entscheidungen und schlechte Entscheidungen. Die schlechteste Entscheidung aber, die man treffen kann, das ist keine Entscheidung zu treffen.

Ebenso wie Ihre Informationsstruktur sollte auch Ihre Entscheidung so klar und transparent wie möglich sein. Sie muss für Ihre Mitarbeiter nachvollziehbar sein. Machen Sie deshalb auch nie den Fehler und verstecken sich bei der Verkündung einer Entscheidung hinter übergeordneten Instanzen wie etwa der Konzernleitung oder Ähnlichem. Dann wird die Umsetzung dieser Entscheidung kaum Erfolg haben. Wenn Sie zu einer Entscheidung gekommen sind, dann müssen Sie erklären, wie Sie dazu gekommen sind.

Nach dem Cobra-Prinzip ist das leicht möglich: Denn Sie werden Ihren Mitarbeitern ganz klar erklären können, dass alle anderen Möglichkeiten nicht zum Ziel geführt hätten. Sie werden aber Ihre Mitarbeiter gerne dazu einladen, die Schwachstellen Ihrer Entscheidung aufzuzeigen. Sie selbst kommen nach dem Cobra-Prinzip mit einem Fünf-Stufen-Modell zu Ihrer wasserdichten Entscheidung. Dieses wird in einem eigenen Kapitel detailliert beschrieben (vgl. Kapitel 4. *Die Methodik der systemischen Entscheidung*).

Ressourcenökonomie

Organisation ist ein Mittel, die Kräfte des Einzelnen ausgewogen zu vervielfältigen!

Ein Beispiel, das jeder kennt. Willy M. aus der Abteilung X ist ein echter Schatz. Er kann rackern wie kein Zweiter. Das halbe Unternehmen bewundert ihn. Noch dazu, wo er relativ schlecht für seinen Job bezahlt wird. Taucht ein Problem auf, wenn er nicht in der Firma ist – kein Problem: Willy M. kommt gerne auch in seiner Freizeit. Taucht ein Problem auf, während er im Urlaub ist – kein Problem: Willy M. ist am Handy immer erreichbar. Es gibt sie in jeder Firma. Diese Willy M's. Jene Mitarbeiter, die aus welchem Grund auch immer mit einem unvorstellbaren Elan gesegnet sind. Da fällt es dann auch nicht weiter auf, dass der Rest des Teams vielleicht noch Dienst nach Vorschrift macht. Willy M. wird das Kind schon schaukeln.

Glücklich ist, wer solch einen Burschen im Einsatz hat. Dumm ist, wer es zulässt, dass dieser Mitarbeiter im Laufe von wenigen Jahren vollständig verheizt wird. Kaum eine Führungskraft etwa weiß, wie es zuhause bei Willy M. ausschaut. Wahrscheinlich hat er seiner Familie erklärt, dass seine außergewöhnliche Arbeitsleistung sicher bald auffällt. Vielleicht, so hofft er, wird er bald eine neue Aufgabe bekommen. Eine weniger aufreibende. Eine Tätigkeit, die seine Motivation belohnt. Vielleicht, so meint er wahrscheinlich, könne er bald mehr Zeit mit seiner Familie verbringen. Irgendwann aber wird es seiner Familie aber zu viel des Guten. Zu der beruflichen Extra-Leistung kommt auch noch der private Stress. Irgendwann landet Willy M. bei einer anderen Firma oder mit Herzinfarkt im besten Fall im Krankenhaus. Und alles nur, weil er wahrscheinlich so gut war, dass sein Team ohne ihn auseinander gebrochen wäre.

Erkennt eine Führungsposition einen derartigen Zustand in einem Team, dann ist Eile geboten. Denn ruht sich erst ein Teil eines Teams auf den Schultern eines anderen aus, dann tickt die Bombe. Wir nennen das bei der Cobra Ressourcenökonomie: Sie hat sich ganz einfach daraus ergeben, weil Cobra-Männer während eines Einsatzes nun einmal eine begrenzte „Haltbarkeit“ haben. Der Team-Leiter muss genau wissen, wie groß die Belastbarkeit seiner Leute ist. Bei den Vorbereitungen auf einen Zugriff ist diese Grenze leichter messbar als in der Wirtschaft. Die physischen Grenzen eines Mannes in der so genannten Go-Ausrüstung liegen bei maximal sechs Stunden. Alles was darüber hinausgeht, wird zum Sicherheitsrisiko für das gesamte Team. Weiters muss der Team-Leiter seine Antennen ausfahren. Er muss spüren, wie es seinen Leuten geht. Da genügt ein Blick in die Augen. Da muss er nur hinhören, wie seine Leute sprechen. Kurz: Er muss zu jeder Zeit erkennen, wie sich seine Leute fühlen. Einen Bereich zu verheizen, zählt zu den Todsünden – bei der Cobra ebenso wie im Unternehmen.

Man muss deshalb nicht gleich den Personalstand verdoppeln. Aber man sollte schon sehen, in welchem Bereich gerade eine starke Belastung herrscht und in welchem noch Kapazitäten vorhanden sind. Lassen Sie sich niemals von einem Ihrer Mitarbeiter darauf festnageln, dass er nur für einen Teilbereich verantwortlich ist und ihn der Rest des Ganzen nichts angeht. Erinnern wir uns: „Ein Stück des Kuchens schmeckt immer genau so wie der Rest der Torte.“ Tauschen Sie die Bereiche Ihrer Mitarbeiter untereinander aus. Da ist Fingerspitzengefühl gefragt. Aber egal in welcher Branche die Rochaden auch durchgeführt werden, wer seine Mitarbeiter einer Rotation unterzieht, wird den Zusammenhalt in der ganzen Firma fördern und darüber hinaus noch – abgesehen von kurzen Eingewöhnungseffekten – bestens ausgebildete Mitarbeiter formen.

„Unity of Command"

Eine Sache, die vielen gehört, wird schlechter verwaltet als eine Sache, die einem Einzelnen gehört.

Keine Sorge: Das ist kein Aufruf, diktatorische Verhältnisse in der Wirtschaft einzuführen. Wie bei allem im Leben ist es auch hier die richtige Mischung, die zum Erfolg führt. Zur Einstimmung eine kurze Geschichte aus dem Kino-Streifen „Die Götter müssen verrückt sein". Die Komödie beginnt damit, dass über dem afrikanischen Busch eine Glas-Flasche aus einem Flugzeug geworfen wird. Aus Sicht des Europäers ein klarer Fall von Umweltverschmutzung. Für die Mitglieder eines Buschmann-Stammes aber eine ernst zu nehmende Bewährungsprobe ihres Zusammenhalts. Denn ein Mitglied dieses Stammes findet die Flasche und bringt sie aufgeregt ins Dorf. Die Freude ist groß. Denn der eine findet heraus, dass man damit Wasser holen kann. Ein anderer macht die Entdeckung, dass man mit dieser Flasche musizieren kann, wenn man sanft über den Flaschenrand bläst. Andere wiederum fordern, dass die Flasche den ganzen Tag über nur zum Ausrollen von Teig verwendet werden soll.

Bis dahin fiel unter den Mitgliedern des Stammes kaum ein böses Wort. Naturvölker haben eine bemerkenswert klare Verteilung ihrer Kompetenzen, um in der Wildnis überleben zu können. Jetzt aber beginnen sie sich zu streiten, ja sogar zu schlagen. Der Zusammenhalt im Dorf ist erst wieder gegeben, nachdem der Dorfälteste beschließt, die Flasche über den Rand der Welt ins Nichts werfen zu lassen. Im Grunde eine weise Entscheidung. Auch wenn damit ein Werkzeug verloren ging, mit dem noch allerhand produziert hätte werden können.

Im Grunde war das eine Entscheidung, die dem Cobra-Prinzip sehr nahe kommt. Einer hat die Befehlsgewalt. In diesem Fall hätte der Dorfälteste seine Autorität vielleicht benützen sollen, um aus diesem unverhofft zur Verfügung gestellten Werkzeug einen übergeordneten Nutzen für seinen Stamm herzustellen.

Eine Sache, die vielen gehört, kann nicht vernünftig verwaltet werden – so lautet der Grundsatz. Eine Führungsperson hat also darüber zu entscheiden, welche Mittel wie eingesetzt werden sollen. Oder anders gesagt: Ein Vorstand soll immer aus einer ungeraden Zahl an Mitgliedern bestehen – aber drei sind zu viel. Es geht darum, dass einer den Überblick behält.

Geplante Außenwirkung

Die Außenwirkung wird nach wie vor von vielen Firmen sträflich vernachlässigt. Vielerorts herrscht der Grundsatz, auf Medienberichte vollständig zu verzichten, sein Gesicht um jeden Preis aus den Zeitungen fern zu halten und lediglich mit Werbung, also mit Inseraten, zu arbeiten. Das ist zu wenig.

Hast du eine Geschichte, dann erzähle sie – halten Sie sich an diesen Satz und Sie werden langfristig dafür belohnt werden. Als ich die Leitung der Cobra übernahm, war mir sofort klar, dass eine Zusammenarbeit mit Journalisten im Sinne der Cobra nur von Vorteil sein kann. Die ersten Einwände aus den eigenen Reihen ließen nicht lange auf sich warten: „Jetzt macht der PR. Spinnt der komplett?" Aber ich wusste ganz genau, was ich tat, denn das erste Ziel lautete: „Ich muss die Cobra sympathisch machen." Das ist der erste Schritt, um das Leistungsprinzip klar zu machen. Nur wer stolz auf sich ist, kann auf lange Sicht exzellente Leistungen erbringen.

Deshalb muss man seine Leistungen in der Öffentlichkeit ganz klar kommunizieren. Wenn man zur Befreiung der österreichischen Geiseln in Algerien einen Beitrag leistet, dann soll man das auch in der Öffentlichkeit klar machen. Selbst wenn man nur als österreichisches Sicherheitsmaskottchen dargestellt wird, ist das im Vergleich zu anderen Organisationen immer noch eine große Auszeichnung. Wenn Gefahr in Verzug ist und die Bevölkerung automatisch daran denkt, dass jetzt wohl nur noch die Cobra helfen könne, dann hat die geplante Außenwirkung funktioniert.

Natürlich kamen da Vorwürfe, die Cobra sei inzwischen eine Showtruppe, die einen Kriminellen mit der Blume im Knopfloch zum Aufgeben überreden wolle. Es ging bei der geplanten Außenwirkung schlicht und einfach darum, in der Öffentlichkeit klar darzustellen, was die Cobra überhaupt ist. Das ist keine mystische Zaubertruppe, deren Mitglieder perfekt getarnte Doppelleben führen. Die Cobra besteht aus Spezialisten, die täglich taktische Ziele zu erledigen haben, um ein strategisches Ziel zum Wohle aller Österreicher zu erreichen. Kurz: eine möglichst große Sicherheit zu garantieren.

Jetzt mag man einwenden: Wer in Schwierigkeiten ist, der muss die Cobra ohnehin anfordern. Egal ob sie sympathisch ist oder nicht. Das ist schon richtig. Aber es ist für alle Beteiligten nun einmal ein entscheidender Vorteil, wenn man weiß, dass man gemocht wird. Wer dich anfordert, der muss dich auch mögen. Das ist der Optimalfall. Unsere Elite-Einheit musste einfach weg von dem Ruf, dass es sich hier um eine Showtruppe handeln würde, die ohnehin alles bekomme, ohne auch nur zweimal danach fragen zu müssen.

Aus diesem Grund habe ich mich auch entschlossen, das erste Mal einen Tag der offenen Tür bei der Cobra zu veranstalten. Denn der Informationsmangel war bis dahin so groß, dass nicht einmal die eigenen Kollegen von der Gendarmerie und der Polizei genau wussten, wozu wir in der Lage sind. Eine schlechte Ausgangssituation, wenn man bedenkt, dass uns Gendarmerie und Polizei im Ernstfall anfordern sollen. Meine Überlegung war: Wie sollen wir von jemandem angefordert werden, wenn derjenige überhaupt nicht weiß, wozu wir im Detail überhaupt fähig sind? Der Tag der offenen Tür war in diesem Sinne eine Leistungsschau. Eine Schau, die Vertrauen schaffen sollte. Denn Sicherheit hat in erster Linie mit Vertrauen zu tun. Genau so verhält es sich auch in der Wirtschaft.

Wenn Sie vor einem Vertragsabschluss stehen, dann wird sich der potenzielle Kunde für den Lieferanten entscheiden, dem er vertraut. Nicht für den, der ihm das Blaue vom Himmel verspricht. Erst wenn er seine Leistungen öffentlich gemacht hat, wenn er vor einem großen Publikum beeindrucken konnte, dann hat er die erste vertrauensbildende Maßnahme gesetzt. Im Optimalfall wird man vom Kunden auch noch gemocht. Weil man so gut gearbeitet hat und dabei auch noch freundlich war. Das ist Kapital für die Zukunft. Aber dazu braucht man Public Relations (PR).

Hier liegt auch der Unterschied, der zu beachten ist. Viele meinten nach dem Beginn, Teilbereiche der Cobra öffentlich zu machen, dass ich Werbung betreibe. Was natürlich vollkommen falsch war. Durch Werbung wird *verkauft*, durch Public Relations wird *erzählt*. Das Schöne dabei ist Folgendes: Wenn Sie Public Relations machen, dann bleibt es auch

Ihnen überlassen, *was* Sie erzählen wollen. Weltmeister in der Disziplin Public Relations ist die österreichische Firma Red Bull. Diese Marketing-Spezialisten schalten keine Inserate, sie starten gezielte Aktionen, über die dann in den Medien gratis berichtet wird. Jede Geschichte, die über Red Bull oder ihre Tochterfirma in der Zeitung steht, wurde so konzipiert, dass den Journalisten gar nichts anderes übrig blieb, als sie so zu schreiben, wie es die Marketing-Spezialisten wünschten. Das ist genial. So interessant zu sein, dass unweigerlich sympathisch über einen berichtet werden muss.

Eigenartig ist nur, dass es noch keine Berichte über die Massen-Herstellung der Zauberwässer gegeben hat. Das liegt eben genau daran, dass man jederzeit sagen kann: Darüber will ich nichts in der Zeitung sehen. Was natürlich auf Dauer eine Gratwanderung ist. Weil ein Journalist irgendwann seine Forderung nach anderen Geschichten stellen wird. Geschichten, die ihm zumindest das Gefühl vermitteln, dass sie ihm selbst eingefallen sind. Das ist die große Kunst guter PR.

Mein Ziel bei der Cobra war es, die erreichten Leistungen auch medienwirksam zu platzieren. So in der Art: „Super. Die österreichischen Geiseln in Algerien sind frei. Und unsere Cobra war dabei." Es gibt in der Tat Schlimmeres, als in der Öffentlichkeit als Sicherheitsmaskottchen dazustehen. Denn was hilft es einer Firma schon, wenn sie gut ist und keiner weiß etwas davon?

Wenn du etwas zu erzählen hast, dann erzähle es. Mache eine Geschichte daraus und – was noch viel besser ist – mache *deine* Geschichte daraus. Wer auf seine Außenwirkung verzichtet, dem fehlt der Platz in der Gesellschaft. Haben Sie den Mut, meinungsbildend zu sein. Ihren Mitarbeitern geben Sie dadurch das Gefühl, eine berufliche Heimat gefunden zu haben. Mein Ziel bei der Cobra war es, den Österreichern zu vermitteln, dass wir die Truppe sind, die Ihnen täglich 24 Stunden Sicherheit garantiert. Das ist ein schöner und verantwortungsvoller Beruf. Und das kann man gefälligst auch öffentlich kundtun.

Außenwirkung ist ein wichtiger Führungsgrundsatz, der auf der Tatsache basiert, dass Medien Macht haben. Diese Macht sollte man nützen.

4 Die Methodik der systemischen Entscheidung

Dieses Fünf-Stufen-Modell soll Ihnen verdeutlichen, wie Entscheidungen systemisch hergestellt werden können. Nach all den Jahren meiner Tätigkeit habe ich die Erfahrung gemacht, dass die Herbeiführung von Entscheidungen bestimmten Gesetzen folgt. Jede Aktion hat eine Reaktion zur Folge. Nur was bewirkt was? Die Beschäftigung mit dieser Frage hat Zeit gekostet. Aber die Gesetzmäßigkeiten, die ich erkannt habe, erwiesen sich in der Praxis als gültig. Das soll natürlich nicht bedeuten, dass man seinem Bauch nicht mehr vertrauen soll. Aber es ist zweifellos von Vorteil, wenn man seinen Entscheidungen ein solides Grundgerüst verleiht.

Es sind genau fünf Stufen zu bewältigen, bis man zu einer zielführenden Entscheidung gelangt. Wer sich an diese fünf Stufen hält, der hat zumindest einen Großteil aller Schwierigkeiten vor der Umsetzung dieser Entscheidung aus dem Weg geräumt. Die ursprüngliche Idee, die dahinter steckt: Man muss bewusste Entscheidungen treffen. Viele Entscheidungen werden heute aus einer Art Automatismus heraus getroffen. Manche dieser Automatismen haben sich in einer Firma seit Jahrzehnten nicht mehr geändert. Wenn schon eine automatisierte Entscheidung getroffen wird, dann sollten zumindest alle möglichen Störfaktoren eingerechnet worden sein. Denn so viel ist sicher: Schon *eine* falsche Entscheidung kann der Beginn des Anfangs vom Ende eines Unternehmens sein.

Folgende Punkte gilt es bei der Methodik einer systemischen Entscheidung zu beachten:

1. Bestimmen Sie einen exakten Ist-Zustand. Das bedeutet, dass Sie Ihre Ausgangsposition definieren und nicht interpretieren müssen.
2. Bestimmen Sie einen exakten Soll-Zustand. Nur wer das Ziel kennt, der kann es auch treffen.
3. Überprüfen Sie ganz genau, ob Ihr Ziel von Ihren Mitarbeitern auch akzeptiert wird.
4. Legen Sie schon vor Ihrer Entscheidung so viele Handlungsalternativen wie möglich fest.

5. Die Ent-schiedenheit ist das, was übrig bleibt, nachdem Sie jene Entscheidungsmöglichkeiten aus dem Weg geräumt haben, die Sie nach Beachtung der vorigen vier Kriterien aus dem Weg geräumt haben.

Vom Ist-Wert zur Bestimmung des Soll-Werts

Der Ist-Wert steht mit dem zu erreichenden Soll-Wert in direktem Zusammenhang. Deshalb werden diese beiden Stufen gemeinsam in einem Kapitel vorgestellt. Schon bei der ersten Stufe dieses Modells werden in der Praxis die meisten Fehler gemacht. Jeder weiß in etwa, wo er mit seiner Firma, mit seinen Mitarbeitern im Vergleich zu anderen Unternehmen steht. Aber das ist noch kein qualifizierter Ist-Wert. Nur die exakte Bestimmung des Ist-Werts, der immer Hand in Hand mit einer genauen Analyse der eigenen Ressourcen und jener der Konkurrenz geht, hindert den Schöpfer einer neuen Unternehmens-Idee an seiner eigenen Selbstüberschätzung zu scheitern.

Denn Entscheidungsträger sind häufig so von ihrer eigenen neuen Idee besessen, dass sie ihr Team – ohne detaillierte Überlegungen anzustellen – mit fliegenden Fahnen einfach drauflosmarschieren lassen. *Modifizieren Sie nicht die Realität – was ist, das ist!!!*

In Wahrheit beginnt ein Ist-Wert nie bei Null. Jedes Problem, jedes Projekt hat von Anfang an eine gewisse Ausgestaltung. Eine Vorgeschichte. Zwar ist es schön, wenn man sagen kann: „Ich habe eine Idee." Die hat aber jedes Kind jeden Tag. Was einen guten Entscheidungsträger ausmacht, das ist das Bekenntnis zu sagen: „Ich werde jetzt eine Idee entwickeln. Mit der Ausgestaltung aller Vor- und Nachteile." Dazu gehört, dass man sich im Detail darüber informiert, welche Ansätze es bezüglich dieser Idee bisher gegeben hat.

Jeder Versuch in diese Richtung, der von anderen Personen unternommen wurde, muss genauestens analysiert werden. Wer glaubt, er könne auf die Denkarbeit anderer zu diesem Thema gerne verzichten, der konkurriert entweder mit dem lieben Gott oder er ist drauf und dran, einen fatalen Holzweg einzuschlagen. Tragen Sie Informationen zusammen, lassen Sie sich die Gründe für das Scheitern ähnlicher Unternehmen erklären. Sie müssen sich für die anderen interessieren, um selbst genau festlegen zu können, auf welchem Stand Sie sind.

Erst auf diesen Informationen kann man dann auch einen qualifizierten Soll-Wert aufbauen. Der Marketing-Grundsatz „Dynamik und Zukunftsorientierung" hört sich sehr kämpferisch und erfolgversprechend an. Aber die Zukunft kann nur dann Früchte tragen, wenn Sie die Vergangenheit kennen.

Genau so verhält es sich übrigens mit der Kunst: Auch hier unterscheidet man zwischen modernistisch und modern. Der Unterschied: Modernistisch baut nicht auf die Vergangenheit auf. Sie steht völlig alleine und losgelöst da, während moderne Kunst eine Geschichte hat und sich als eine logische Entwicklung in der Kunstgeschichte präsentiert. Und nur was Platz in der Geschichte hat, hat auch Bestand. Alles andere ist bloßer Zeitgeist und wird schnell zu Schrott. Das lässt sich auch auf die Wirtschaft übertragen: Das Bestehende soll für die Ziele als Basis dienen.

Einen qualifizierten Ist-Wert erreicht man aber nur dann, wenn man sich die richtigen Fragen stellt. Damit sind nicht nur die klassischen W-Fragen gemeint, obwohl es unverzichtbar ist, sich zu fragen, wer, wann, wo, was und vor allem warum gemacht hat.

Klassische Fehler, die hier gemacht werden, sind vorschnelle Urteile. Man kann sich etwa ausmalen, was geschehen würde, wenn die Cobra bei jedem Einsatz mit folgendem Ist-Wert zu einer Geiselnahme ausgerückt wäre: „Die Geiselnehmer werden die Geisel töten." Das ist Spekulation und kein Ist-Wert. Eine Spekulation zwar, die unbedingt in Ihre Überlegungen einfließen muss, aber es ist die denkbar ungünstigste Ausgangsposition für eine Lösung des Problems. Denn das Ziel würde dann vorschnell lauten: gewaltsame Beendigung der Geiselnahme zum ehest möglichen Zeitpunkt. Dabei hat man selbst in der Konfrontation mit verzweifelten Menschen, die vor einem bedenklichen soziokulturellen Hintergrund aufgewachsen sind, immer noch eine Vielzahl von Möglichkeiten, eine Geiselnahme friedlich zu beenden. Wenn Terroristen und andere Kriminelle so viel Flexibilität zeigen, dann sollten Sie diese Flexibilität unbedingt auch Ihrer Konkurrenz und erst recht Ihren Mitarbeitern zutrauen.

Vor allem bei kleinen Betrieben ist die Bestimmung des qualifizierten Ist-Werts eine Riesenchance für wirtschaftlichen Erfolg. Denn wer seine Ausgangsposition exakt definiert hat, der wird das richtige Ziel in Angriff nehmen.

Ein Beispiel aus der Bierbranche: Trumer Bier ist eine relativ kleine Brauerei im Salzburger Flachgau, malerisch am Obertrumer See gelegen, aber im nationalen Geschäft wegen der geringen Größe hoffnungslos unterlegen. Dem Brauerei-Sterben im vergangenen Jahrhundert zufolge hätte Trumer Bier längst von einer großen Firma geschluckt werden oder bankrott sein müssen. Brauerei-Chef Josef Sigl, mittlerweile als kreativer Querdenker über Österreichs Grenzen hinaus bekannt, erstellte einen qualifizierten Ist-Zustand und baute darauf seinen Soll-Wert auf: Die Analyse des Ist-Zustands ließ ihn zur Erkenntnis kommen: „Das Spiel der Großen kann nicht mein Spiel sein." Die großen Brauereien machten zu diesem Zeitpunkt enorme Umsätze mit einem *verwechselbaren* Bier. Hier regierte der Versuch, möglichst viel Hektoliter zu verkaufen.

Sigl setzte sich ein Ziel: Er musste Bier brauen, dessen Qualität sich deutlich von der Massenware unterschied und es sollte nach Möglichkeit an exklusiven Orten erhältlich sein. Auf jeden Fall aber an Orten, die für eine bestimmte Art der Lebensqualität stehen. Eine Lebensqualität, die auf Individualisten abgestimmt war. Also auf jene, die nicht mit der Masse laufen. Davon würde es in Österreich genug geben, war Sigl überzeugt. Auf jeden Fall konnte er diese Zielgruppe mit seinen Produktionskapazitäten bedienen.

Nach genauer Analyse der gewaltigen unternehmerischen Aktivitäten seiner übermächtigen Konkurrenz entwarf er eine ebenso simple wie geniale Strategie, mittlerweile bekannt als die fünf A's: „Alles anders als alle anderen." Während die Konkurrenz ihre Werbung noch auf bodenständiger Kultur wurzeln ließ, sponserte er Avantgarde, junge Kulturinitiativen und Denkfabriken. Die Botschaft, die beim Kunden ankam, war klar: Der geistige Fortschritt steckt im Trumer Pils. Das wirkt auf Jugendliche und Intellektuelle natürlich sehr sympathisch. Statt der klobigen Bierkrüge ließ er schlanke Stangen entwerfen. Stil und Genuss statt Horuck und Durst. Die Botschaft kam an. Während die Umsätze der großen Brauereien rückläufig wurden, konnte Trumer immer noch zulegen. Sie holten ihre Kunden nicht nur von der Konkurrenz, sondern machten sogar aus Weintrinkern wieder Bierliebhaber.

Diese Unternehmensentscheidung ist ein Musterbeispiel für eine qualifizierte Bestimmung des Ist-Werts, aus dem dann die einzig richtige Entscheidung zur Erreichung eines angestrebten Soll-Werts führte. Denn hier wurde vor allem auch die Ausgangslage aktiv akzeptiert. Es gibt in der Wirtschaft leider viel zu viele Beispiele, wo ein Unternehmen deshalb gescheitert ist, weil der Ist-Wert von Beginn an beschädigt war. Aktiv akzeptieren, das bedeutet, Erkenntnisse nicht zu verdrängen und sämtliche Informationen zu berücksichtigen. Vor allem aber bedeutet es auch, sich nicht nur auf sein Glück zu verlassen. Allzu oft hört man von Entscheidungsträgern den Satz: „Das wird schon nicht eintreten." Wer so arbeitet, der steuert auf einen Totalschaden zu.

Wer sicher gehen will, der darf keine einzige Information verdrängen. Denn jede Information – und sei sie für die Existenz der eigenen Firma auch noch so unangenehm – kann die Lösung des Problems beinhalten. Vergleichen Sie ruhig Ihre Firma mit der übermächtigen Konkurrenz. Dann werden Sie vielleicht erkennen, dass Ihre vermeintliche Schwäche im Grunde bei der Erreichung eines Soll-Wertes von Vorteil sein kann.

Akzeptanz

Ein weiterer, unverzichtbarer Bestandteil bei der Entscheidungsfindung ist die Akzeptanz. Dabei müssen grundlegend zwei Fragen gestellt werden: „Bin ich überzeugt?“ und „Ist meine Organisation überzeugt?“

Sollten Sie selbst nicht überzeugt sein, dann können Sie ohnehin davon ausgehen, dass Ihr Ist-Wert schon beschädigt ist. Denn wenn Sie selbst schon Zweifel haben, dann dürfte es dafür gute Gründe geben. Auch wenn Ihnen vielleicht die Eitelkeit noch vorspielen möchte, dass Sie ein Genie sind und auf eine nebulös formulierte Hilfe hoffen dürfen, wird das nicht reichen, um ein Vorhaben sauber durchzuziehen. Hören Sie in diesem Fall ruhig auf Ihre innere Stimme. Sie ist das Bauchweh, das Sie haben, das unruhige Nervenkostüm. Wenn sich irgendetwas in Ihnen sträubt, den ersten Schritt zu machen, dann suchen Sie schnell nach dem Grund. Und Sie werden erkennen, dass eine Reihe von wichtigen Grundlagen für ein Losmarschieren noch nicht erfüllt sind.

Mehr Fingerspitzengefühl benötigen Sie da schon bei der Akzeptanz Ihrer Marschroute durch Ihre Mitarbeiter. Sie kommen keinen bedeutenden Schritt voran, wenn Sie nicht die volle Unterstützung Ihrer Mitarbeiter haben. Hier ist auch wieder Ihre soziale Kompetenz gefragt. Inwieweit sprechen Sie die Sprache Ihrer Leute? Es geht hier nicht darum, was Sie Ihren Mitarbeitern zutrauen. Es geht vor allem darum, ob Ihnen die Mitarbeiter trauen. Wenn Sie Ihre Firma in punkto sozialer Kompetenz vorbildlich führen, dann wird Ihnen in dieser wichtigen Phase der Entscheidungsfindung nichts vorgegaukelt. Dann wird aus Ihrer Organisation eine ehrliche Kritik kommen.

Es werden Fragen auftauchen, die die endgültige Entscheidung vielleicht noch etwas hinauszögern. Aber mit diesen neuen Erkenntnissen kann maßgeblich zum Gelingen beigetragen werden. Wenn die soziale Kompetenz in der Organisation zu kurz gekommen ist, dann entsteht blinder Kadavergehorsam, der aber nichts zur Qualität der Umsetzung beitragen wird. Entscheidungen, die ohne Mucken und Murren hingenommen werden, sollten Sie stutzig machen. Wenn nicht einmal ein paar

Rückfragen bezüglich der Details kommen, dann können Sie das Vorhaben ohnehin vergessen. Denn dann sind Sie im Begriff, Leute mit der Umsetzung zu betrauen, die sich darauf verlassen, dass jeder Schritt von oben vorgegeben wird. Da hat man seitens der Organisation auch kein Problem damit, wenn die Umsetzung scheitert: „Ich hab's mir gleich gedacht", hört man dann oft, „aber mich fragt ja keiner."

Man kennt das aus der Praxis: Das sind genau die Phasen bei der Umsetzung einer Entscheidung, in denen in der Produktion bei einer schlechten betrieblichen Kommunikation immer die gleichen Aussagen kommen. Frei nach dem Motto: „Die da oben haben sich wieder mal was ausgedacht." Auf welchem Weg Sie die Zustimmung Ihrer Mitarbeiter auch einholen wollen, mittels Bericht der Abteilungsleiter oder im Idealfall im persönlichen Gespräch bei einer offiziellen Vorstellung einer neuen Weichenstellung: Die Akzeptanz Ihrer Mitarbeiter ist schlussendlich unverzichtbar. Denn schließlich ziehen Sie neben der persönlichen Bestätigung noch einen anderen Nutzen aus der Zustimmung Ihrer Mitarbeiter: Sie werden dadurch motiviert, die Entscheidung auch umzusetzen. Nachdem Ihre Leute zugestimmt haben, werden sie auch dementsprechend engagiert für das Ziel eintreten.

Finden Sie also unbedingt heraus, ob Ihre offensive Strategie Zustimmung findet. Der wichtigste Mitarbeiter und allererste Ansprechpartner wird hier zunächst jener Mitarbeiter sein, der in der Praxis die finale Entscheidung herbeiführen soll. Ein Architekt etwa sollte sich den Erfahrungsschatz eines Baupoliers zunutze machen. Entwickelt eine Garagentor-Firma ein neues Modell, dann sollten unbedingt auch die Monteure eingebunden werden. Diese wissen ganz genau, welche Probleme in der Praxis auftreten können. Was nützt das perfektest durchdachte Modell, wenn vielerorts die nötige Infrastruktur gar nicht vorhanden ist. Ihre Leute vor Ort kennen die Eigenheiten und unvorhersehbaren Unwägbarkeiten ganz genau aus ihrer täglichen Arbeit. Wer sich diesen Erfahrungsschatz nicht zugute kommen lässt, der verschleudert wertvolles Kapital.

Achten Sie genau darauf, wie der zuständige Mitarbeiter auf Ihre Präsentation reagiert. Macht er große Augen? Hält er den Atem an? Viele sind zu schüchtern, um ihre Einwände einer übergeordneten Instanz mitzuteilen. Achten Sie deshalb auf die Körpersprache der Mitarbeiter. Und stellen Sie selbst Fragen, wenn Ihnen die Reaktion zu gleichgültig vorkommt. Kommen Bedenken – und seien Sie auf den ersten Blick auch noch so unwesentlich – dann notieren Sie sie. Fassen Sie alle möglichen Widrigkeiten zusammen und studieren Sie die gesammelten Erkenntnisse noch einmal.

Schlussendlich müssen bei der Präsentation Ihres Weges folgende Fragen stehen: Seid ihr alle auf demselben Stand? Habe ich die Probleme zur Sprache gebracht, die ihr auch gesehen habt? Seht ihr auch, dass es unverzichtbar ist, diesen Soll-Wert zu erreichen? Könnt ihr mit den Anforderungen leben? Und überhaupt: Könnt ihr beim Gelingen überhaupt mit dem Soll-Wert leben?

Ein häufig gehörter Einwand ist, dass es in einer Firma immer eine gewisse Anzahl von Mitarbeitern gebe, die auf Neuerungen notorisch mit Ablehnung reagiere. So aus Prinzip. Hier ist die Grenze zwischen einem schlechten Mitarbeiter und einem exzellenten Mitarbeiter oft nicht so leicht zu ziehen. Und oft werden hier auch wegen katastrophalen Fehleinschätzungen Mitarbeiter gekündigt, die berechtigte Einwände eingebracht haben. Andere wiederum werden befördert, weil Sie vermeintlich gute Einwände gemacht haben. In der Praxis fällt diese Entscheidung nicht selten persönlich motiviert aus. Ist mir der nörgelnde Mitarbeiter sympathisch, dann werde ich wohlwollend reagieren. Wenn die Chemie mit einem Mitarbeiter aber nicht so stimmt, dann wird es derjenige nicht leicht haben, negative Rückmeldungen zu geben, die noch dazu konstruktiv wirken sollen. Da sind wir wieder bei einem wichtigen Grundsatz des Cobra-Prinzips: „Man muss die Menschen mögen – und zwar alle."

Dabei wäre es im Grunde sehr leicht, die Spreu vom Weizen zu trennen. Wenn jemand einen Einwand macht, dann muss dieser auf alle Fälle sachlich fundiert sein. Alles andere ist Spekulation. Spekulationen sind zwar erwünscht, denn sie fordern die Entwicklung von Handlungsalternativen. Und je mehr Handlungsalternativen man hat, umso sicherer und zuverlässiger kommt man an sein Ziel. Spielt sich allerdings etwas nur noch auf der Ebene der Spekulationen ab und werden darüber hinaus keine Handlungsalternativen akzeptiert beziehungsweise selbst mitgestaltet, dann dürften Sie es – vorsichtig formuliert – mit einem Mitarbeiter zu tun haben, der eine ganze Organisation zum Zusammenbrechen bringen kann. Sie erkennen diese Mitarbeiter an der grundsätzlichen Abneigung dafür, über Dinge zu diskutieren. Jene Mitarbeiter aber, die kritisch hinterfragen und ein ehrliches Interesse an der Problemlösung zeigen, sind die besten Mitarbeiter, die sich ein Chef wünschen kann.

Handlungsalternativen

Auch wenn Sie die Akzeptanz Ihrer Mitarbeiter eingeholt haben, sind Sie noch lange nicht am Ziel. Denn jetzt gilt es, gemeinsam alle denkbaren Handlungsalternativen zu entwickeln. Das ist das operative Instrument auf Ihrem Weg zum Erfolg. Kurz gesagt: Auf dieser Stufe sucht man nach Antworten. Je mehr Antworten, desto besser. Aber da war ja noch etwas – genau: Antworten erhält man nur, wenn man Fragen stellt. Und zwar die richtigen Fragen.

Das wusste schon der Schriftsteller Thomas Bernhard. Dieser antwortete einem holländischen TV-Journalisten ungefähr zehn Mal hintereinander nur mit „Ja“ oder „Nein“. Auf die entnervte Frage des Journalisten, wie denn das nun weitergehen solle, hatte er eine simple, sehr freundlich formulierte Antwort parat: „Schauen Sie“, sprach er dem verdutzten TV-Journalisten ins Mikrophon, „bei mir ist es wie bei einem Automaten: Schmeißen Sie was Gescheites rein, dann kommt auch was Gescheites raus.“ Oder: Wie wir es für unser wirtschaftliches Umfeld wohl etwas komplizierter formulieren würden: Die Qualität der Antwort verhält sich proportional zur Qualität der Frage.

Wie können Sie das in der Praxis umsetzen? Sie können innerhalb einer Arbeitsgruppe jemanden bestimmen, der regelmäßig die W-Fragen stellt. Dieser Jemand hat keinen sympathischen Job. Denn er wird das Team nerven. Mit Fragen, die im Grunde eigentlich schon beantwortet schienen: Aber er *muss* es hören. Er muss hören, dass sich das Team von keiner Widrigkeit überraschen lassen wird, dass es auf alles eine Antwort hat.

In dieser Phase werden also Antworten am Fließband produziert. Antworten, die leicht fallen und Antworten, für die man erst eine harte Nuss knacken muss. Wichtig ist nur, dass es Antworten gibt. Denn tritt erst einmal der Fall ein, dass es auf eine Frage keine Antwort gibt, dann vergessen Sie Ihr Vorhaben am besten. Wenn man sich in dieser Entscheidungsphase mit Samthandschuhen berührt, dann riskiert man ernste Probleme. Der Fragensteller muss ein Quäler sein. Was hat das Team davon, wenn der Fragensteller dank seiner gutmütigen Art gewisse Themen nicht anspricht? Frei nach dem Motto: „Darüber reden wir jetzt lieber nicht – denn ich weiß, da haben die Jungs Probleme damit." Genauso gut könnte er sagen: „Ab in den Hinterhalt mit euch! Ich bin nun mal zu höflich, um euch auf eure Unzulänglichkeiten anzusprechen. Ein echter Freund eben ..."

Merken Sie sich also: Sorgen Sie für ein Feuerwerk an Fragen. Stellen Sie die unangenehmen Fragen zuerst: „Könnt ihr das wirklich?" Fordern Sie exakte Antworten: „Wenn das passiert, was macht ihr dann?" Und dulden Sie in dieser Situation keine verschwommenen Theorien. Sobald der Satz „Irgendwie kriegen wir das dann schon hin", fällt, müssen Sie nachbohren. „Was macht ihr dann genau?" Je größer die Anzahl der Fragen ist, desto wahrscheinlicher ist auch, dass Ihr Team tatsächlich mit schlafwandlerischer Sicherheit verzwickte Situationen bewältigen wird. Denn wenn der Entscheidungsträger innerhalb der Arbeitsgruppe die Antworten schon kennt, bevor das Problem überhaupt auftaucht, dann wird er sein Unternehmen flexibel und ohne große nervliche Anstrengung in Richtung Soll-Wert steuern können.

Im Team müssen Sie diese Fragen natürlich der jeweiligen Organisationsform anpassen. Beim Hinterfragen eines zukünftigen Vorganges gibt es immer spontane Antworten, durchdachte Antworten oder aber – in diesem Fall muss die Entscheidung negativ ausfallen – gar keine Antwort. Aber jede Frage, die schon im Vorfeld einer Aktion beantwortet wurde, ist eine veritable Handlungsalternative. Und man versetzt den Entscheidungsträger in die durchaus angenehme Lage, aus mehreren Alternativen auswählen zu können.

Spezialeinheiten müssen sich immer mehrere Möglichkeiten erarbeiten. Was unternehme ich, wenn dieser Weg nicht funktioniert? Sorgen Sie rechtzeitig dafür, dass immer Alternativen nachgelegt werden. Sonst landet man schnell in einem Tunnel ohne Ausgang. Das ist die gefährlichste aller Situationen. Da ist das Scheitern vorprogrammiert.

Ent-schiedenheit

Die Ent-schiedenheit macht den Unterschied!

Die Entscheidungsfindung baut direkt auf der Entwicklung der Handlungsalternativen auf. Ent-schiedenheit soll die Aussage verstärken, wie eine bestmögliche Entscheidung getroffen worden ist. Man hat sich ent-schieden. Das heißt, durch die Ablehnung zahlreicher Lösungsvorschläge, die keine bewegliche Organisation ermöglicht haben, bleibt zum Schluss automatisch nur *eine* Entscheidung möglich. Das ist genau die Entscheidung, bei der die meisten Antworten positiv beantwortet wurden. Eine mathematische Lösung, an der es nichts zu rütteln gibt.

Da entscheidet man sich nicht einmal bewusst: Man hat ja gar keine andere Möglichkeit. Was Ihnen darüber hinaus einen weiteren Vorteil verschafft. Es kann sein, dass Ihr Unternehmen scheitert. Aber Sie können ganz klare Fakten präsentieren, warum Sie sich trotz alledem so entscheiden mussten. Es *musste* also so ent-schieden werden. Denn alle anderen Wege wiesen mögliche Sackgassen auf. Diese werden bei der Entwicklung der Handlungsalternativen ganz genau beschrieben. Nachdem Sie sich ent-schieden haben, wissen Sie ganz genau: „Ich mache mich jetzt auf den Weg und habe drei Werkzeuge dabei. Eines in meiner linken Hand, eines in meiner rechten Hand und eines in meinem Rucksack." Und Sie müssten eigentlich ganz genau wissen, zu welchem Zeitpunkt welches Werkzeug anzuwenden ist.

Sie müssen ent-schieden haben, was für Ihre Sache brauchbar ist. Auch Ihre Zugriffsposition hat sich daraus ergeben. Ihre Entscheidung hat dazu geführt, dass Sie immer angreifen können und dass Sie sich in keine Ecke manövrieren. Das ist dann aber auch die Stunde der Wahrheit. Hier wird sich bewahrheiten, ob Sie alle Informationen richtig gedeutet haben. Haben Sie die Probleme richtig erkannt, sind Sie vom richtigen Ist-Wert ausgegangen.

Kann ich mich wie erwartet bewegen? Das heißt, kann ich tatsächlich links oder rechts vorbei? Kann sich die Arbeitsgruppe tatsächlich den veränderten Situationen anpassen? Nachdem sich Ihre Entscheidung ergeben hat, nimmt alles seinen Lauf. Das ist jener Augenblick, den ich im ersten Kapitel als lauten, befreienden, sich mit einer Urgewalt entladenden Zugriff beschrieben habe. Sobald es so weit ist, stellen sich nur noch die folgenden Fragen: Sind Sie noch in der Lage zu reagieren? Nehmen Sie unvorhergesehene Reaktionen noch wahr?

„Wer taktisch denkt, lebt in der Lage" – das heißt, er muss sich nicht auf das Prinzip Hoffnung verlassen. Er kann agieren. Sobald Sie in die Situation kommen, nur noch auf Veränderungen zu reagieren, ist das das Ende des Ganzen. Denn dann entwickelt sich Ihr Unternehmen unweigerlich in eine Richtung, die von Ihnen nicht gewünscht ist. Sie verlieren die Zügel und werden, ohne es zu wissen, plötzlich fremdbestimmt. Von diesem Zeitpunkt an geht es bergab. Die Konkurrenz gibt Ihnen keine Schonzeit. Halten Sie sich also streng an den Grundsatz: „Gestalte – oder du wirst gestaltet."

5

Werkzeuge

Und ab in die Öffentlichkeit

Public Relations – eine Marketing-Maßnahme, die sympathisch machen soll. Schön und gut. Aber wie schaffe ich das? Es gibt viele Möglichkeiten. Da ist zunächst einmal die sichere Variante: Sie kaufen sich PR. Das ist ganz einfach. Jede Zeitung hat ihre fixen Tarife für Artikel, die aussehen, als ob sie redaktionell gestaltet wurden. Sie unterscheiden sich heute meist nur in Kleinigkeiten. Entweder steht in der Pagina statt – sagen wir mal – „Wirtschaft" groß und deutlich „Werbung". Oder aber diese bezahlte Geschichte endet mit dem Eintrag: „Werbung", „PR" oder Ähnlichem. Das kostet natürlich Geld, hat aber den Vorteil, dass Sie in den meisten Fällen wortwörtlich bestimmen können, was in diesem Text zu stehen hat. Das geht in der Königsklasse der PR, nämlich einen Redakteur dazu zu bringen, kostenlos über seine Firma zu berichten, nicht mehr.

Wer sein Unternehmen in der Berichterstattung einer Zeitung berücksichtigt haben will, der hat grundsätzlich mehrere Ansatzpunkte. Da sind zunächst einmal die Holzhammermethoden. Man spendet für einen karitativen Zweck und sorgt dafür, dass man mit einem Scheck abgebildet wird, der so groß ist wie das Dach eines Gartenhauses. Abgesehen davon, dass man den Spendern grundsätzlich nur edle Beweggründe unterstellen will, wirken die Riesen-Schecks inzwischen kontraproduktiv, weil die Motive aufgesetzt, protzig und rein selbstdarstellerisch auf den Betrachter wirken. In vielen Redaktionen gibt es übrigens auch schon die Anweisung, keine Scheckübergabe-Fotos mehr zu verwenden. Sie haben die besten Chancen, ein Foto von einer karitativen Aktion in einer Zeitung unterzubringen, wenn die Fotos so natürlich wie möglich wirken. Zum Beweis, dass man Gutes getan hat, gibt es ja immer noch die Bildunterschriften.

Die beste Werbung für Ihre Firma ist es aber, sich so interessant zu machen, dass die Zeitung gerne über Sie berichtet. Dabei sollten Sie einige Regeln beachten. Zunächst einmal die Aufbereitung Ihrer Information. Erfolgt diese schriftlich, dann achten Sie auf eine für den Redakteur angenehme Aufbereitung Ihrer Nachricht. Vermeiden Sie es, haufenweise Hochglanzprospekte, Jahresberichte und Ähnliches beizulegen. Der Redakteur hat bei einer ersten Kontaktaufnahme ohnehin keine Zeit, diese durchzusehen. Auf seinem Schreibtisch türmen sich Unterlagen von Menschen, die das gleiche Ziel wie Sie verfolgen. Von ihnen müssen Sie sich abheben.

Ein Beispiel aus der Kultur-Berichterstattung: Veröffentlicht ein Musiker ein neues Album oder ein Schriftsteller ein neues Buch, dann sind diesem Rezensionsexemplar immer Lobpreisungen anderer Medien oder Wertschätzungen bekannter Zeitgenossen beigefügt. Nach dem dritten, vor Huldigungen strotzenden Pressetext ist der Redakteur satt. Er empfindet es nur noch als verlogenes Marktgeschrei.

Einen interessanten Weg verfolgte der bayerische Musiker und Kabarettist Georg Ringsgwandl bei der Präsentation seines Albums „Gache Wurzen". Dieses Album ist – vorab gesagt – wirklich misslungen. Es wurde aber dennoch dermaßen viel darüber berichtet, dass es zum veritablen Verkaufserfolg wurde. Wie ist es ihm gelungen, die Neugier der Medien auf sich zu ziehen? Indem er sich bei seiner Präsentation von allen anderen Neuerscheinungen abhob. Er legte den üblichen Zitat-Zettel bei. Gerne wies er auf der Vorderseite unter der Rubrik „Lob und Preis" auf wohlwollende Kritik seines bisherigen Werkes hin. Die Rückseite war es, die ihn aber zum Kritikerliebling machte: Denn da standen unter der Rubrik „Schimpf und Schande" die übelsten Beurteilungen seiner bisherigen künstlerischen Tätigkeit geschrieben. Das war völlig neu und die Redakteure wussten, dass sie bei einem eventuellen Interview zumindest schon einmal eine interessante Einstiegsfrage stellen konnten.

Dieses Beispiel zeigt nichts anderes, als dass es wichtig ist, sich in seinem jeweiligen Segment nach einer strategischen Marktlücke umzusehen. Da reicht es vollkommen, wenn man die Informationen vorlegt, die von anderen garantiert noch nicht angeboten wurden. Beweisen Sie frisches Denken, dann ist Ihnen die Aufmerksamkeit der Medien sicher.

Was die Fülle von Informationen betrifft, habe ich schon erwähnt, dass bei der ersten Kontaktaufnahme weniger immer mehr ist. Es sollte, grob gesagt, so ablaufen wie bei einem Drehbuchautor, der sein frisch verfasstes Werk einem Produzenten anbietet. Die Kurzfassung des Werbetextes zum Film „Ein Käfig voller Narren" wäre demnach: „Zwei Homosexuelle führen einen noblen Transvestitenclub und gaukeln einem biederen Politiker ein ganz normales Familienleben vor, weil der Sohn des einen Homosexuellen die Politiker-Tochter heiraten möchte. Es kommt zu Verwicklungen." Beim Leser dieser Zeilen muss es „klick" machen. Dann will er mehr wissen.

So ist es auch bei einem Zeitungsredakteur. Erst wenn seine Neugier geschürt ist, wird er die Sache zügig vorantreiben. Sollten Ihre Presseinformationen keinen Erfolg zeigen, dann suchen Sie ein persönliches Gespräch. Vor allem auch deshalb, um sicher zu gehen, dass Ihre Nachricht auch bei der richtigen Stelle gelandet ist. Im Gespräch sollten Sie dann kurz und prägnant Ihre Geschichte verkaufen können. Niemals aber sollten Sie versuchen, den Redakteur – egal welchen Mediums – unter Druck zu setzen. Er hat in der Regel genug Stories und Probleme am Hals, um sich von einem noch weitgehend Unbekannten Vorhaltungen machen zu lassen.

Im Optimalfall ist die Leistung Ihres Unternehmens aber so großartig, dass sich ein Medium bei Ihnen um einen Bericht bemüht. Dieses Angebot sollte man niemals ausschlagen. Selbst wenn es sich, aus welchem Grund auch immer, um eine schlechte Story handelt. Es gibt keinen Satz, der ein Unternehmen mehr schädigen kann als „Herr Y war trotz mehrmaliger Anfragen zu keiner Stellungnahme bereit." Dieser Satz wird von den Lesern ausnahmslos als Schuldeingeständnis wahrgenommen. Plappern Sie aber auch nicht einfach darauf los. Informationen, die keinesfalls an die Öffentlichkeit dringen dürfen, sollten Sie deshalb schon während des Gesprächs mit „das ist jetzt off records" kennzeichnen. Journalisten gehen mit Informanten ähnlich um wie Polizisten. Man opfert sie nicht, wenn man sich in Zukunft auch noch „gute Geschichten" verspricht.

Befreiung nach dem Cobra-Prinzip

Wie funktioniert die Cobra im Ernstfall? Da gibt es natürlich keine allgemein gültige Antwort. Die Einsätze sind so vielfältig wie die Probleme, die auftauchen können. Dennoch will ich an dieser Stelle versuchen, die grundlegenden Überlegungen dieser Spezialeinheit anhand eines typischen Einsatzes darzustellen. Aus Gründen der Diskretion und vor allem des Respekts vor dieser Einheit, die ich jahrelang leiten durfte, möchte ich ausdrücklich darauf hinweisen, dass dieses Beispiel frei erfunden ist. Dennoch hätte es sich so zutragen können …

Wir nehmen folgende Situation an: Zwei Männer wollten in eine Mietwohnung einbrechen. Die Familie, Eltern und zwei Kinder, wurde durch die Geräusche geweckt und ertappte die beiden. Die Einbrecher überwältigten die Familie, es gab einen kurzen Raufhandel, bei dem die Nachbarn geweckt wurden. Die beiden Kriminellen reagieren panisch, ergreifen aber nicht die Flucht, sondern nehmen die Familie als Geisel und verschanzen sich in der Wohnung.

Das ist der Informationsstand, den die Exekutive sehr rasch erhoben hat. In der Regel ist das auch genau das, was an die Nachrichtenagenturen und Medien weitergegeben wird. Der Zeitpunkt also, an dem spätestens die Cobra gerufen wird.

Der erste Schritt bei so einer Geiselnahme ist nicht weiter überraschend: Wir fahren natürlich sofort hin.

Vor Ort gilt es, so schnell wie möglich mit den Geiselnehmern in Verbindung zu treten. Hier werden aber bereits parallel zueinander zwei Wege vorbereitet. Der Weg mit der obersten Priorität ist der Verhandlungsweg. Denn dieser Weg hat die größten Chancen, die Situation unblutig zu beenden. Auch hier muss wieder betont werden: Unblutig für *alle* Beteiligten. Natürlich unterscheidet eine Anti-Terror-Einheit „gute“ und „böse“ Jungs. Und das oberste Ziel ist die unblutige Befreiung der Geiseln. Was aber nicht gleichzeitig heißen darf, dass man bei der Beendigung einer Geiselnahme automatisch die Geiselnehmer zu Menschen zweiter Klasse stempeln darf. Die Straftat ist mit der Geiselnahme zwar schon begangen. Aber eine Verhandlung verhindert die Eskalation und setzt in der Folge auch keine weiteren Kreisläufe der Gewalt mehr in Kraft. Das kann etwa bedeuten: Wer nur wegen Freiheitsberaubung seine Strafe absitzen muss, der wird höhere Chancen haben, nach der Verbüßung seiner Strafe wieder in die Gesellschaft integriert werden zu können, als jemand, der einen Menschen getötet hat.

Im Optimalfall kann man also verhandeln. Dennoch muss aber ab der ersten Sekunde ein Plan erarbeitet werden, in das Gebäude einzudringen, wenn es die Situation erfordert. Konkret muss das dann geschehen, wenn die Geiselnahme eskaliert. Etwa wenn die Geiseln misshandelt oder sogar eine erste Geisel getötet wird. Von Beginn an laufen also Informationen über die vorhandene Situation in das Einsatztagebuch ein. Einsatzorganisationen werden aufgebaut und verändern sich ständig. Die Truppe wird permanent mit neuesten Informationen versorgt. Sämtliche zur Verfügung stehenden Informationsquellen werden angezapft.

Eines ist aber trotz aller noblen Vorsätze klar. Wenn es um Menschenleben geht, dann muss die Cobra im Falle einer Eskalation sofort in das Gebäude eindringen. Das ist zwar der denkbar schlechteste Zeitpunkt. Aber wenn man keine Wahl hat, dann kann man wenigstens noch die Art und Weise bestimmen, wie man einschreitet.

Das heißt: Sie praktizieren das Fünf-Stufen-Modell im Zeitraffer, also unter der bestmöglichen Ausnützung aller bisher zusammengetragenen Fakten. Da ist dann natürlich auch die Flexibilität der Truppe gefragt. Vor allem aber die Fähigkeit der Truppe, während eines eventuell überhasteten Einsatzes selbständige Handlungsalternativen zu entwickeln. Keine Frage: Das ist der schlimmste aller Fälle. Er bietet die mit Abstand geringste Sicherheit. Sowohl für die Geiseln als auch für die Anti-Terror-Einheit. Mit einer sorgfältigen Ausbildung, das heißt mit einem sozial, analytisch und physisch bestens vorbereiteten Team kann hier trotzdem das Risiko minimiert werden.

Wir gehen nun aber davon aus, dass es gelungen ist, in Verhandlung mit dem Geiselnehmer zu treten. Währenddessen laufen im Hintergrund die Vorbereitungen zur Befreiung weiterhin auf Hochtouren. Wir entwickeln einen qualifizierten Ist-Wert. Die Betonung liegt auf „entwickeln". Denn er wird durch die Einholung von Informationen permanent „am Laufen" gehalten. Dazu haben wir schon eine Struktur erstellt. Eine Struktur, die nicht nur bei fast jedem Anti-Terror-Einsatz angewandt wird, sondern sich auch in einer Krisensituation bei jedem x-beliebigen anderen Unternehmen als beste Lösungsmöglichkeit anbietet.

Zunächst wird ein kleines Team gebildet: Nennen wir es Krisen-Team. Hier laufen alle Informationen zusammen. Hier werden auch sämtliche Entscheidungen getroffen. Und schließlich ist hier ist auch der Mann platziert, der gefälligst mit seinen qualifizierten Fragen aufwarten soll. Sein Frage-Dauerfeuer hilft während der gesamten Planungsphase, falsche Ansätze sofort auszugrenzen.

Man sollte sich im Krisen-Team schnell über die Rahmenbedingungen einig werden. Stecken Sie einen Kreis um die Forderungen der Geiselnehmer ab: Was wird gewährt und was nicht? Details dazu folgen später. Mindestens einer der Taktiker hält ständigen Kontakt zu den Leuten, die schon vor Ort sind und auf einen eventuellen Zugriffsbefehl warten. Denn die ersten Stellungen werden sofort nach Eintreffen bezogen. Jene Kollegen, die schon vor Ort sind, haben auch gleichzeitig dafür zu sorgen, dass permanent Informationen zum Krisen-Team fließen. Ein ständiger Austausch findet statt. Da wird eine Informationsmaschine angeworfen, die sich permanent gegenseitig füttert.

Die Taktiker haben unterdessen schon ein erstes Zugriffskonzept erstellt. Es wird sofort durchgegeben. Ebenso jede weitere Veränderung, die aufgrund der neuen Informationslage notwendig geworden ist. Vor Ort werden auch gleich sämtliche Alternativen des Zugriffskonzepts geprüft. Wenn der Plan vorsieht, durch das Fenster einzudringen, dann wird sofort soweit es geht geprüft, ob denn auch der Zugriff durch die Tür möglich ist oder unter welchen Umständen er notwendig sein könnte. Hier hat das frische Denken sein Zuhause. Selbständigkeit ist gefragt. Wer hier nur brave Befehlsempfänger eingeteilt hat, der ist immer einen Schritt zu langsam. Auch Kreativität ist wichtig. Denn nach Möglichkeit stürmt man die Wohnung natürlich mit einem Überraschungseffekt. So, wie es die Geiselnehmer sicher nicht vermuten würden.

Es wird weiter verhandelt. Im Optimalfall kommt man einer Einigung näher. Währenddessen strömen die Informationen minütlich weiter zum Krisen-Team. Die Taktiker verarbeiten diese Informationen ohne Pause. Es ist wichtig, dass keine einzige Information verloren geht. Alles wird aufgenommen. Jedes Detail ist für die endgültige Entscheidung von Bedeutung. Welche Entscheidung dann auch getroffen wird, sie muss wirken. Sie muss durchschlagenden Erfolg haben.

Die Lage muss sich weiterentwickeln. Immer noch wird verhandelt. So lange wie nur irgendwie möglich. Die Verhandlung ist die einzige Waffe, die es gibt, die nicht tödlich ist. Wenn sie zu keinem Ziel führt, dann kommt der Zeitpunkt, an dem der Zugriff durchgeführt werden muss. Diese Entscheidung muss allerdings behördlich angeordnet werden. Wenn es dann so weit ist, dann erhalten die Leute vor Ort die Anweisung, den gewaltsamen Zugriff vorzunehmen. Und zwar genau so, wie es der aktuelle Informationsstand erfordert. Er ist allerdings erst dann vorzunehmen, wenn die Taktiker vor Ort den bestmöglichen Zeitpunkt eruiert haben.

Die Zeit unmittelbar vor dem Zugriff und natürlich der Zugriff selbst sind dann die absolut heiße Phase. Hier werden kleine Fehler zur Todesfalle. Die Entscheidung, dass der Zugriff erfolgt, ist beileibe nicht die letzte. Das ist die Phase, in der dann eine Entscheidung die nächste jagt. Zunächst gilt noch die Entscheidung, dass man alle Beteiligten – inklusive Geiselnehmer – lebend aus dieser Situation herausholt. Eine Sekunde später schon kann es aber die Entscheidung geben, die Geiselnehmer zu erschießen, weil die Geiseln unmittelbar mit dem Tod bedroht sind. Der Ist-Wert wechselt ständig. Die jeweils neue Lage muss an den Mann gebracht werden. Technisch oder persönlich. Der Informationsfluss darf auf keinen Fall abreißen.

Es besteht die Gefahr, dass einer der Leute vor Ort vollkommen selbständig vorgeht. Das ist ein immens gefährlicher Zeitpunkt. Jetzt gilt es nämlich, die Linie zu halten. Die Struktur muss so straff wie möglich sein. Die Anweisungen sind kurz, prägnant. Störfaktoren könnten jetzt die ganze Organisation gefährden. Diese können auch innerhalb der Organisation entstehen, wenn die Leute, statt sich darauf zu besinnen, Informationen weiterzugeben, selbst Taktiken entwickeln. Einer muss den

Überblick behalten. Er sieht *alle* Teile. Einer alleine, auch wenn er unmittelbar vor Ort ist, sieht immer nur einen *kleinen* Teil. Was aus seiner Sicht zu hundert Prozent logisch erscheint, kann auf der anderen Seite zum absoluten Scheitern führen.

Das Stichwort „Unity of Command“ wird in dieser Phase zum obersten Gesetz. Wenn die zentrale Befehlsgewalt nicht eingehalten wird, dann läuft alles aus dem Ruder. Die Taktiker haben genau festgelegt, wer etwas zu bestimmen hat. In der Praxis kommt es hier häufig zu chaotischen Verhältnissen. Besonders gefährlich ist das beim Personenschutz. Das bekommen selbst Außenstehende mit: Überall hört man „stellt euch hier hin“, „nein, da rüber“, „falsch zurück“. Das kann sehr peinlich werden. Es muss also eine ganz klare Kette der Verantwortlichkeit geben. Hierarchie-Denken ist nicht veraltet. Wenn es um Problem-Management geht, dann ist es sogar die einzige Möglichkeit, chaotische Zustände zu verhindern. Da darf sich niemand zu schade sein, Anweisungen von jemandem zu empfangen, der sonst vielleicht einen höchstens ebenso hohen Dienstgrad hat wie er selbst.

Während des Zugriffs ist nun also die gesamte Organisation in permanenter Bewegung. Sie ist bereit zuzugreifen oder auch alles bisher Gehörte zu verwerfen und eine vollkommen neue Organisation aufzubauen – blitzschnell. Alles und nichts – es muss möglich sein, sich genau zwischen diesen beiden Extremen zu bewegen. Die Organisation ist also permanent „in der Lage“, Handlungsalternativen zu erstellen beziehungsweise entgegenzunehmen.

Irgendwann ist dann der Zeitpunkt gekommen, an dem man sagt: „O.K. – wir tun es.“ Der Zugriff muss dann nach Möglichkeit so weit ausgeplant sein, dass er sämtliche Alternativen vorhergesehen hat. An dieser Stelle kann aus verständlichen Gründen nicht geschildert werden, welche psychologischen Kriterien für einen Zugriff maßgeblich sind. Die gibt es natürlich. Wie die Bedingungen sich entwickelt haben. Nur so viel: Es gibt eine große Anzahl wichtiger Faktoren. Ein inzwischen weitgehend bekannter Faktor ist das Stockholm-Syndrom, jene Tatsache, dass sich Geiseln nicht selten in ihre Entführer verlieben oder zumindest beginnen, eine tiefe Sympathie für sie zu entwickeln.

Die Anti-Terror-Einheiten verfügen natürlich über sehr viel Wissen, wie sie in solchen Situationen vorzugehen haben. Der perfekte Zeitpunkt kann weitgehend festgelegt werden. Die goldene Regel lautet auch hier, dass man so lange wie nur irgendwie möglich „in der Lage" bleiben muss. Fälschlicherweise wird übrigens häufig angenommen, dass ein guter Zeitpunkt für einen Zugriff eine erkennbare Müdigkeit des Geiselnehmers ist. Klingt logisch, ist aber meistens ganz besonders gefährlich, da die Geiselnehmer in solchen Situationen höchst unberechenbar werden und die Gefahr, dass sie außer Kontrolle geraten, einfach zu groß ist.

Verhandlungen führen

Wer gut verhandelt, der kann sich sehr viel Ärger ersparen. Oder wie der Volkmund so schön sagt: „Durch das Reden kommen die Leute zusammen.“

Während des Einsatzes kommt – wie bereits berichtet – der Verhandlung die wichtigste Bedeutung bei. So groß die Chancen sind, mittels Verhandlungen ein Problem zu lösen, so groß ist auch die Gefahr, mittels Verhandlungen eine Katastrophe auszulösen.

Verhandlungen können ruhig mit Diskussionen gleichgesetzt werden. Das Wort Diskussion ist allerdings weit negativer besetzt. Diskussionen sind kämpferischer, sie dienen offensichtlicher dazu, sein Gegenüber zu überzeugen. Diskussionen fordern Sieger und Besiegte. Bei Verhandlungen geht man davon aus, dass beide Parteien als strahlende Sieger hervorgehen. Verhandlungen zu führen, ist alleine schon deshalb sehr schwer. Wann kann man es schon allen recht machen?

Man spricht deshalb nicht umsonst sehr oft von „Verhandlungs*kunst*“. Denn vielerorts wurden Verhandlungen tatsächlich schon zur reinen Kunstform. Da wird mit Körpersprache und Psycho-Tricks gearbeitet.

Zu diesem Thema wurden schon zahlreiche Bücher verfasst. Mit allerlei Tipps, wie man sein Gegenüber wirkungsvoll über den Tisch ziehen kann. Das Problem ist nur: Jeder Mensch ist anders. Und wie bei der Entwicklung von Handlungsalternativen muss auch bei Verhandlungen das Gegenüber permanent beobachtet werden. Es gibt sie zwar, die Verhandlungsregeln, aber dennoch spielt sich hier viel mehr auf der persönlichen Ebene ab, als es vielen Technokraten lieb ist. Ein Gerüst, wie man Verhandlungen geschmeidig am Laufen hält und sie so zu einer veritablen, unblutigen Waffe macht, gibt es allerdings schon. Auch hier muss ich allerdings aus verständlichen Gründen darum bitten, dass nicht sämtliche Verhandlungsregeln der Cobra preisgegeben werden können. Jene allerdings, die für Führungskräfte bei Verhandlungen mit Partnern oder Konkurrenten relevant sein können, dürfen ruhigen Gewissens weitergegeben werden.

Fixe Zusagen

Fixe Zusagen sind tunlichst zu vermeiden. Man lehnt sich gerade in diesem Punkt in der Praxis viel zu weit aus dem Fenster hinaus. Denn einerseits hat man die verständliche Angst, mit einer abwartenden Haltung seinen Gesprächspartner zu verunsichern. Man befürchtet, ihn nicht bei der Stange halten zu können. Aber merken Sie sich: Wenn Sie schnell eine fixe Zusage machen, dann befinden Sie sich schon einen Schritt weiter hinten.

Ein besonders großes Problem ergibt sich häufig daraus, dass Mitarbeiter fixe Zusagen machen, die sie eigentlich gar nicht machen dürften, weil ihnen die nötige Macht zur Durchsetzung innerhalb der eigenen Firma fehlt. Tritt dieser Fall ein, und sie können ihre Zusage dann tatsächlich nicht einhalten, dann leidet nicht nur die persönliche Glaubwürdigkeit – auch die Firma erleidet dadurch einen enormen Schaden. „Mit denen kann man nichts vereinbaren. Die haben einen Saustall beieinander", heißt es dann.

Sie können aber sehr wohl Hoffnung schüren. So in der Art: „Wir werden darüber nachdenken." Oder „Ich glaube, das könnte gehen. Aber ich muss zuerst Rücksprache halten."

Bei Geiselnahmen ist dieser Grundsatz übrigens besonders wichtig. Er ist ein wichtiger Bestandteil der psychologischen Einwirkung auf den Geiselnehmer und somit eine große Chance, eine Geiselnahme unblutig zu beenden: „Wir werden uns bemühen, das Geld innerhalb der von Ihnen gewünschten Zeit aufzutreiben." Wenn Sie das aber versprechen, dann könnte der Geiselnehmer bei einer Nichteinhaltung schnell außer Kontrolle geraten. Man kann eine Übergabe mit mehreren Tricks immer noch hinauszögern. Kommt es schließlich zur Übergabe, dann kann man den Täter immer noch mit einer überraschenden Wendung aus dem Konzept bringen: „Wir haben das Geld. Aber wir kriegen es nicht in einen Koffer. Wir müssen zwei Koffer verwenden ..."

Die „Ja, aber ...“-Technik

Eine echte Kunstform. Hier vermittelt man seinem Gegenüber das Gefühl, dass seine Forderung akzeptiert worden ist. Die wahre Kunst ist die Ausgestaltung des „Abers“. Denn mit dem „Aber“ müssen Sie nun loslegen, um Ihrem Gegenüber Ihre Idee zu verkaufen. Und zwar so, als ob es seine eigene gewesen wäre. Ein „Nein“ ist, wie bereits vorher erwähnt, immer eine Sackgasse. Danach ist die Verhandlung vorbei. Halten Sie Ihr Gegenüber in Schwung. Die wohl größte Kunst bei Verhandlungen ist es, sich so weit zurückzunehmen, dass sich Ihr Gegenüber in sicheren Gefilden wähnt.

Glänzend eignet sich die „Ja, aber ...“-Technik auch dazu, Ihr Gegenüber zu ermüden. Wenn Sie glauben, in einem bestimmten Punkt keinen Durchbruch erzielen zu können, dann ziehen Sie ihn mit Ihren vermeintlichen „Ja, aber ...“-Zustimmungen noch so lange durch kleine Verhandlungs-Scharmützel, bis es zu einer Vertagung der Verhandlung kommt. Das ist zwar nur ein Rückzugsgefecht. Aber es ist ein Rückzugsgefecht, nach dem Sie sich wieder sammeln können und einen erneuten Anlauf vorbereiten können. Ihr Standpunkt bleibt damit trotzdem gewahrt und dabei haben Sie sogar noch sehr viel Zeit gewonnen.

„Ja, aber ...“ lässt Ihr Gegenüber in dem Glauben, dass Sie seinen Vorschlägen positiv gegenüberstehen. Und wenn Sie es geschickt anstellen, dann erringen Sie sogar noch den Respekt, dass Sie sich bemühen, seinem scheinbar sehr guten Vorschlag noch einige weitere Handlungsalternativen hinzuzufügen. Mit diplomatischem Geschick dreht man diese Idee dann sogar völlig um.

Ausreden lassen

Reden ist Silber, Schweigen ist Gold!

Einer der größten Fehler bei Verhandlungen und Diskussionen ist es, sein Gegenüber nicht ausreden zu lassen. Es ist nicht nur unhöflich, es wirkt arrogant, besserwisserisch und unsympathisch. Und ein unsympathisches Auftreten kann sich höchstens der leisten, der es eigentlich gar nicht nötig hat, in Verhandlungen oder Diskussionen zu treten.

Es ist aber nicht nur ein Zeichen der Höflichkeit, sein Gegenüber ausreden zu lassen. Es ist die Tatsache, dass man denjenigen, der spricht, auch bewegen kann. Wer schweigt, den kann man in keine Richtung lenken. Weil man nicht weiß, was er denkt. Je mehr jemand von sich preisgibt, desto größer ist die Wahrscheinlichkeit, dass man ihn steuern kann. Ebenso besteht dann die Möglichkeit, ihn zu Fehlern zu reizen, ihn auf den Holzweg zu führen. Die besten Verhandlungsgegner sind geschwätzige Leute. Wer viel spricht, der bietet viele Angriffspunkte. Der liefert Ihnen im Minutentakt neue Munition, um Ihre Anliegen mit klar überlegten, wasserdichten Sätzen zu formulieren. Geben Sie ihm also gut überlegte Stichworte und hören Sie dann sehr gut zu.

Kulturkreis beachten

Kein Mensch kann den Kulturkreis verleugnen, in dem er aufgewachsen ist. Das betrifft sowohl die Sitten und Bräuche anderer Völker als auch die unterschiedlichen Milieus, die es hierzulande gibt. Man kann davon ausgehen, dass ein Verhandlungsteilnehmer adeligen Ursprungs bei Diskussionen andere Werte schätzt als ein Firmen-Chef, der sich aus ärmlichen Verhältnissen hochgeschuftet hat. Gehen Sie also auf das persönliche Umfeld ihres Verhandlungspartners ein. Das sind Recherchen, die sich lohnen.

Wie ein Fußball-Trainer seine Gegner bei anderen Spielen beobachtet, so sollten auch Sie vor einer Verhandlung so viele Informationen wie möglich über Ihr Gegenüber zusammentragen. International tätige Manager beachten diese Regel mittlerweile vorbildlich. Nachhilfebedarf besteht aber ausgerechnet im regionalen Bereich. Wer sich über seine Geschäfts- und Verhandlungspartner informiert, der erfüllt einen wichtigen Teilbereich des Grundbegriffs der sozialen Kompetenz. Das erfordert natürlich sehr viel Einfühlungsvermögen. Aber wenn Sie zum Beispiel wissen, dass Ihr Verhandlungspartner aus Kärnten stammt und Sie auch einen kompetenten Mitarbeiter aus Kärnten in Ihrer Firma beschäftigen, dann nehmen Sie ihn mit. Vertraute Dialekte schaffen eine positive Atmosphäre. Man spricht gleich auf Augenhöhe miteinander und kann sein Gegenüber vielleicht gerade mit diesen vermeintlichen Kleinigkeiten einwickeln.

Verhandlungsführer wechseln

Dieser Punkt knüpft unmittelbar an den vorigen an: Bleiben Sie flexibel, indem Sie jederzeit einen Wechsel des Verhandlungsführers einkalkulieren. Sie müssen selbst am besten merken, wann Sie einem Gegner nicht gewachsen sind. In diesem Fall sollten Sie so schnell wie möglich einen Ersatz für sich finden, der die Verhandlungen an Ihrer Stelle weiterführen soll. Das kann an Ihrer mangelnden Sachkenntnis in Detail-Fragen liegen oder an persönlichen Gründen. Es gibt viele weitere Möglichkeiten. Oft empfiehlt es sich etwa, jemanden einzusetzen, der die gleichen Hobbys hat wie der Verhandlungsgegner. Auf der zwischenmenschlichen Ebene einigt man sich häufig bei kompliziert erscheinenden Problemen erstaunlich schnell. Persönliche Präferenzen werden im Ernstfall häufig über die Kompetenz gestellt. Für den übergeordneten Zweck Ihres Unternehmens ist es wichtig, sich im entscheidenden Moment zurücknehmen zu können und auch rangniederen Mitarbeitern mehr Verantwortung zukommen zu lassen.

Weiters kann es von Vorteil sein, dass Sie von einem frischen Verhandlungsführer abgelöst werden. Er bringt nicht nur frischen Wind in die Verhandlung, er kann auch Themen, die zum Leidwesen Ihrer Firma schon abgehakt worden sind, noch einmal aufrollen, und zwar mit unschuldigem Blick und dem Satz: „Ah, darüber waren Sie sich schon einig. Aber andererseits: Haben Sie dabei auch beachtet, dass …"

Ein Wechsel des Verhandlungsführers hat unmittelbar mit der Beweglichkeit Ihrer Organisation zu tun. Wenn Sie den Eindruck haben, in Ihrer Firma gebe es keinen Zweiten, der an Ihrer Stelle einspringen kann, dann haben Sie schon etwas Grundlegendes falsch gemacht.

Neue Kontaktaufnahme

Gehen Sie nie nach einer Verhandlung, die nicht zum Ziel geführt hat, auseinander, ohne erneut einen fixen Termin zu verabreden. Damit signalisieren Sie Ihr Interesse und die positive Einstellung, dass Sie bereit sind, sich in der Sache weiterzuentwickeln. Solange man seinen Platz im Terminkalender des anderen behauptet, ist man weiter im Geschäft. Solange Sie Ihren Fuß in der Tür haben, kommt die Konkurrenz nur schwer an Ihnen vorbei.

Die neue Kontaktaufnahme können Sie auch gezielt als Mittel verwenden, wenn sich Ihre Situation während einer Verhandlung bedrohlich gestaltet. Halten Sie deshalb immer Ihr Zeitlimit geheim. Dann können Sie jederzeit abbrechen und einen Tag später einen erneuten Anlauf nehmen, bei dem Sie besser vorbereitet sein sollten. Die Pause sollten Sie nutzen, um Ihre Fehler zu analysieren, die Stärken des Gegenübers noch einmal zu besprechen und Mittel zu entwickeln, diese Stärken zu umgehen.

Der Abbruch und die neue Kontaktaufnahme sind von enormer Wichtigkeit. Sie müssen aber dezent eingesetzt werden. Der Abbruch soll – obwohl es so ist – nicht wie eine Flucht wirken. Solange Sie diese Instrumente ausspielen, können Sie der Spielgestalter bleiben. Selbst wenn Sie in die Defensive gedrängt werden.

Keine Vorwürfe machen

Eine wirklich traurige Angelegenheit ist es, wenn jemand bei einer Verhandlung seinem Gegenüber vorhält, er würde entgegen seiner Familienehre oder ähnlichem Firlefanz handeln. Bei Geiselnahmen gilt es weltweit als eine Todsünde, wenn man bei einem Kriminellen seine Familie oder seine nächsten Bekannten ins Spiel bringt. Etwa so: „Was würden Ihre Eltern jetzt wohl zu Ihrem Verhalten sagen." Dann tickt die Bombe. Denn es stellt sich meistens heraus, dass es Familien-Probleme sind, die aus normalen Menschen Geiselnehmer machen.

Wenn man jemanden zu etwas überreden will, dann muss man ihm

Respekt erweisen. Das gilt vor allem auch in der Wirtschaft. Vornehmes Auftreten ist ein Zeichen der Stärke. Häufig wird in der Praxis der Fehler gemacht, dass Manager, die auf der Überholspur sind, sehr arrogant wirken. Sie signalisieren kleinen Zulieferern permanent: „Ich bin nicht auf dich angewiesen. Du hast Glück, wenn du ein bisschen Zeit von mir kriegst. Aber halte mich ja nicht mit deinen unbedeutenden Ansichten auf." Diese Typen sollten sich einen wichtigen Satz in ihr Stammbuch schreiben: „Vergiss nicht die am Wegrand stehen – du triffst sie beim nach unten Gehen …"

Vom richtigen Zeitpunkt

Es gibt Parameter, die den richtigen Zeitpunkt für einen Abschluss signalisieren. Ob Sie sich nun für ja oder nein entscheiden, hängt natürlich in erster Linie von der Darstellung der Fakten ab. Man kann aber davon ausgehen, dass für eine gedeihliche Zukunft dann der Zeitpunkt des Abschlusses gegeben ist, wenn eine möglichst entspannte Atmosphäre herrscht. Wenn der emotionale Level gerade sehr hoch ist, dann sind die Probleme nicht ausgesprochen. Selbst wenn Sie daraus einen fast schon unverschämten Vorteil ziehen würden, empfehle ich, es nicht zu tun. Das hängt schlicht und einfach mit menschlichen Grundmustern zusammen. Wer einen schwachen Augenblick eines Verhandlungspartners ausnützt, der setzt sich selbst auf eine Abschussliste. Solche Entscheidungen sind der Beginn eines Kampfs. Von dem Augenblick an, an dem Ihr Verhandlungspartner realisiert hat, dass er überrumpelt wurde, wird er auf eine Revanche sinnen.

Wenn Sie Ihrem Gegenüber aber zu erkennen geben, dass Sie sich auch Gedanken über seinen wirtschaftlichen Erfolg machen, dann ist das eine Investition, die sich mehr lohnen wird, als jeder schnelle Super-Abschluss. Beide Parteien müssen gut mit dem Ergebnis leben können.

Sind Sie also gerade psychologisch im Vorteil, dann sorgen Sie dafür, dass Ihr Verhandlungspartner so schnell wie möglich geistig (und oft auch körperlich) auf ein stabiles Niveau kommt. Denn nur ein Abschluss, der in Augenhöhe getätigt wurde, garantiert, dass es hinterher zu keinen Problemen kommt.

Wenn Ihr Gegenüber erst später realisiert, dass er über den Tisch gezogen wurde, dass seine Schwächen beinhart ausgenutzt wurden, dann wird er sich danach umso verärgerter an Sie wenden. In der Praxis enden solche Fälle nicht selten mit langen, mühevollen Rechtsstreitigkeiten. Man wird also ohnehin nicht glücklich mit solchen Geschäften. Beschützen Sie also Ihren Verhandlungsgegner so gut es geht vor eigenen Dummheiten. Damit häufen Sie unschätzbares Kapital für die Zukunft an: Nämlich Vertrauen, Wertschätzung und nicht selten sogar Freundschaft. Das sind Eckpfeiler für ein Unternehmen, die es langfristig auf Erfolgskurs segeln lassen.

Für Sie muss während des Verhandlungszeitraums die Grundregel gelten, dass Sie Ihren Idealzustand des Geschäfts permanent im Kopf haben. Behalten Sie dabei aber immer die so genannten „weichen Faktoren" im Auge: Fühlt er sich wohl? Wird er nervös? Beginnt er zu schwitzen, zu stottern oder nestelt er auffällig oft an seinem Hemdskragen? Achten Sie auf diese Symptome.

Sie können die solcherart gewonnenen Erkenntnisse über mögliche Schwächen Ihres Verhandlungspartners wohl dosiert einsetzen. Aber nutzen Sie diese Schwächen nicht aus. Wenn Sie allerdings den Eindruck gewinnen, dass die Situation eskaliert und Sie die Kontrolle über eine gewissenhaft durchgeführte Verhandlung verlieren, dann stoppen Sie die Verhandlung und beginnen Sie sie neu.

Die Zeit des Wartens

Schwanger. Meine Frau war das erste Mal schwanger. Für mich als werdenden Vater, der im beruflichen Alltag mit Sicherheit zu tun hatte, war das eine ernst zu nehmende Herausforderung. Sämtliche Risikofaktoren mussten rechtzeitig ausgeschaltet werden. Meine Frau betrachtete diesbezügliche Aktivitäten in unserer gemeinsamen Freizeit immer mit Humor. Sie konnte sogar manchen Grundsätzen, wie dem Prinzip des minimalen Zugriffs im gemeinsamen Haushalt, sehr viel abgewinnen. Aber jetzt – wie gesagt – schwanger: Endlich konnte ich sie überzeugen, dass mein Cobra-Prinzip selbst bei göttlichen Ereignissen wie der Geburt eines Kindes allerbeste Dienste erweist.

In Gedanken spielte ich die Grundvoraussetzungen durch: Unsere Kompetenzen schienen mir durchaus ausreichend zu sein, um dieses Abenteuer zu bestehen. Vor allem meine analytische Kompetenz brachte ich im Gespräch immer wieder ein. Ich beruhigte sie, so oft sich die Gelegenheit ergab: Niemand kann in Extremsituationen besser nutzbare Handlungsalternativen entwickeln als ich. Sie nahm es wohlwollend zur Kenntnis. Unser konstruktives Miteinander würde nicht gespalten werden. Das konnte ich abhaken. Denn unsere soziale Kompetenz haben wir mehr als einmal unter Beweis gestellt. Die physische Kompetenz sorgte für erste Differenzen. Ich beobachtete, ob sie auch gesund lebte.

Dabei fiel meinem geschulten Auge natürlich auf, dass sie ihre natürlichen Leistungsgrenzen das eine oder andere Mal sträflich überschritt. Ich erklärte ihr gutmütig die Grundzüge der Ressourcenökonomie. Lange Zeit quittierte sie meine fachlich einwandfreien Ausführungen damit, dass sie besonders laut durch die Nase ausatmete. Ich hielt das für eine Atemübung und war mit ihrem Trainingseifer sehr zufrieden.

Erste Zweifel überkamen mich erst, als ich mit ihr eines Abends die Grundsätze durchgehen wollte, die am Tag X unbedingt eingehalten werden sollten. Ich fühlte mich nicht so richtig ernst genommen, was meinen Ehrgeiz aber nur verstärkte.

Ich wollte sie nicht zusätzlich belasten. Deshalb kümmerte ich mich um einige Punkte still und heimlich. Ich zog quasi hinter den Kulissen schon erste Fäden. Die klare Zieldefinition ergab sich bei der zu erwartenden Geburt sozusagen von selbst. Beide sollen bei Gesundheit sein:

das Kind und meine Frau. Aber auf dem Weg dorthin lauerten noch viele Gefahren. Man informiert sich ja als werdender Vater. Ich blieb aber dennoch Realist: ein Einsatztagebuch erschien mir etwas übertrieben.

Wichtiger war es für mich, nichts zu verkomplizieren. Also legte ich Wert auf die Einfachheit der Abläufe. Ich gab ihr diesbezüglich ein paar Ratschläge. Aber sie wirkte geistig abwesend. Ganz so, als ob sie sich nicht auf das Gesagte konzentrieren konnte. Mich wunderte das nicht. Selbst bei komplizierten Abläufen soll man immer alles so erklären, als ob man einem Dreizehnjährigen gegenübersitzt. Sie starrte mich nur an und ging in einen anderen Raum. Sie war wohl noch nicht so weit.

Ich konnte mich noch nicht so richtig in meine Rolle versetzen, Vater zu werden: was für eine Premiere! Aber ich wusste genau, dass ich deshalb neuen Denkweisen ein Zuhause geben musste. Ich versuchte mich intensiver in die Lage meiner Frau zu versetzen. Bemerkte aber rasch, dass ich, nachdem ich mit meiner Frau darüber sprach, wenig glaubhaft wirkte. Abgesehen davon, dass ein Mann immer scheinbar ein ganz klein wenig zunimmt, wenn die Frau schwanger ist. Ich beschränkte mich also auf das Erstellen von Handlungsalternativen. Ich zerbrach mir den Kopf darüber, welche Route ich ins Krankenhaus nehmen sollte, wenn auf der Hauptstraße ein Stau ist. Denn ich wusste, ich musste schnell sein. Denn Sie wissen schon: Die eigene Lerngeschwindigkeit muss schneller sein als die Änderungsgeschwindigkeit der Umwelt. Mein Plan sah sehr gut aus. Ich würde sagen, er war perfekt. Sie murmelte nur irgendetwas von einem Taxi, das sie wahrscheinlich unkomplizierter ins Krankenhaus bringen würde.

Das war genau der Zeitpunkt, um Stimmungen zu steuern. Auch das hat mein System vorgesehen. Es läuft nicht immer rosig. Man darf nicht nur Informationen geben. Man muss auch Vertrauen gewinnen. Dazu ließ ich mir allerhand einfallen. Ich versuchte den Druck von ihr zu nehmen und erwähnte meinen Plan deshalb immer seltener. Sie schien mich wieder ernster zu nehmen. Das gefiel mir. Denn damit war genau der richtige Zeitpunkt gekommen, eine klare Informationsstruktur aufzubauen. Das heißt, es war an der Zeit, die Karten auf den Tisch zu legen. Man vertieft sein Vertrauen in so einer Phase. Bei der Cobra sagt man,

man entwickelt ein Gespür für seine Mitarbeiter. Denn ohne sie geht es nun mal nicht. Nur war meine Frau kein Mitarbeiter. Sie war auch Chef. Ein ganz anderer Chef als ich zwar, aber ein Chef. Ich verwirklichte meine klare Informationsstruktur. Erzählte ihr von meinen Beweggründen. Warum es wichtig ist, dass wir uns beide so intensiv darauf vorbereiten. Das hat ihr imponiert. Sie war sehr dankbar für all diese Informationen, denn nun wisse sie, dass sie eigentlich auf zwei Kinder aufpassen müsse. Ich führte die spitze Bemerkung auf ihre Hormone zurück, informierte sie auch sofort über meine Vermutung und trat dann fluchtartig den Rückzug an. Das war eine klare und transparente Entscheidung.

Ich verzichtete darauf, mit ihr auszuhandeln, wer dann im Ernstfall die Befehlsgewalt hat. „Unity of Command" ist aber wichtig: Deshalb beschloss ich insgeheim, die Befehlsgewalt am Tag X einfach an mich zu reißen. Die geplante Außenwirkung nach der Geburt des Kindes war wiederum Teamwork. Wir haben gemeinsam festgelegt, wer nach der Geburt zu verständigen ist, wie das Ereignis gefeiert wird und allerhand mehr.

Es schien alles sehr harmonisch zu werden. Es dauerte nicht mehr allzu lange bis zum Geburtstermin, da schien es mir an der Zeit, sie über das Fünf-Stufen-Modell aufzuklären. Kennen Sie das, wenn Ihr Partner plötzlich sehr laut „Hör auf!" schreit? Wie ein Blitz aus heiterem Himmel schrie sie das. Was auch gut war, denn diese Worte verfehlten ihr Ziel nicht.

Irgendwann wird dir klar, dass es Dinge gibt, die nicht mit einem Stufenplan erledigt werden können. Und diese Dinge finden meistens zuhause statt. Die Geburt war eine im Großen und Ganzen unaufgeregte Sache. Mein Organisationstalent wurde weitgehend ausgeschaltet. Stattdessen staunte ich darüber, was andere können.

Dann ist das Wunder vollbracht. Ein Baby kommt auf die Welt. Ganz ohne Plan. Nur das Baby eben, das in unserer Gesellschaft ohnehin schneller verzettelt und verbrieft wird, als es uns allen lieb sein kann. In der Familie, so wird dir klar, kann Organisationstalent zwar nicht schaden. Aber was ist dieses Talent schon gegen die Liebe und die Entstehung neuen Lebens? Reichlich wenig. Die wirklich wichtigen Dinge im Leben sind meistens ohne Plan zu haben.

Versuchen Sie lieber nicht, berufliche Kenntnisse in Ihre Familie einzubringen. Bringen Sie lieber Erfahrungen, die Sie mit Ihrer Familie machen, in Ihren Beruf ein. Das bewegt wirklich etwas. Weil es menschlich ist. Und sie haben nun mal mit Menschen zu tun. Vergessen Sie das nie.

Fritz Hinterberger/Gerald Karner

Das Prinzip Führung

Abschied vom „Mythos“ Motivation.

ecowin

144 Seiten gebunden, Herbst 2004, € 19,90

ISBN 3-902404-07-8

Das Ende vom „Mythos“ Motivation und 15 Jahren Soft-Führung à la Sprenger & Co.! Moderne und zeitgemäße Führung muss nach diesem Buch neu gedacht werden.

Wirksame Führung setzt eindeutige Spielregeln und einen klaren Orientierungsrahmen für die Mitarbeiter voraus. Dabei gilt es, die richtigen Führungsprinzipien anzuwenden. Auf diese Weise lässt sich auch die Mitarbeitermotivation erhöhen, die nicht länger ein „Mythos“ zu sein braucht.

In diesem Buch wird beschrieben: Welche Führungsprinzipien sichern den Erfolg? Wie erhöht man die Motivation und Eigenverantwortung der Mitarbeiter? Welcher Führungsstil ist zukunftsweisend? Was bedeutet es, konsequent zu führen.

Mag. Fritz Hinterberger, Harvard-Absolvent, hat sich als Vorstand der Porsche Bank Ausland einen ausgezeichneten Ruf erworben. Seit 2004 ist er Geschäftsführer in der Derendinger Gruppe.

Brigadier Gerald Karner ist Österreichs ranghöchster Militärstratege mit Elite-Ausbildung in den USA. Er wurde einer breiten Öffentlichkeit durch seine brillanten Analysen im Fernsehen und seine hohe Medienpräsenz bekannt.

Persönliche Notizen